야무지게 읽고 쓰는 문해력 수업

야무지게 읽고 쓰는 문해력 수업

펴 낸 날/ 초판1쇄 2022년 11월 1일
지 은 이/ 박현수

펴 낸 곳/ 도서출판 기역
펴 낸 이/ 이대건
편   집/ 책마을해리

출판등록/ 2010년 8월 2일(제313-2010-236)
주   소/ 전북 고창군 해리면 월봉성산길 88 책마을해리
         경기도 파주시 회동길 363-8
문   의/ (대표전화)070-4175-0914, (전송)070-4209-1709

ISBN 979-11-91199-46-8 03370

야무지게 읽고 쓰는 문해력 수업

박현수 지음

ㄱ

의미 있는 수업! 문해력 수업으로 시작하기

교육에 대해 배우기 시작한 대학생 때부터 늘 '수업'은 관심사였습니다. '어떻게 하면 효과적으로 아이들을 가르칠 수 있을까?'에 대한 질문이 머릿속에 항상 있었습니다. 이 질문에 대한 답을 찾기 위해 수업 방법을 연구했습니다. 다양한 수업 방법을 적용하며 뿌듯함을 느끼기도 했습니다. 하지만 어느 날, 뭔가 부족하다는 생각이 들었습니다. 분명히 아이들과 즐겁게 수업했음에도 부족함이 느껴졌고 날이 갈수록 그 부족함이 더해졌습니다. '도대체 뭐가 부족한 것일까?' 고민했지만 그 답을 쉽사리 찾을 수 없었습니다.

교과서로 수업하던 어느 날, 분명히 교과서를 읽으며 수업을 했음에도 불구하고 내용을 제대로 이해하지 못하는 아이들의 모습을 발견했습니다. 글을 읽었지만, 내용이 아이들에게 의미 있게 전달되지 않은 것이었습니다. 이때 깨달았습니다. 글자를 읽는 것과 이해하며 읽는 것은 다르다는 것말입니다.

이것이 보이기 시작하니 세상이 다르게 보이기 시작했습니다. 갈등이나 문제 상황의 원인이 '글을 제대로 읽지 않아서'인 경우가 보이기 시작한 것입니다. 인터넷에 적힌 글의 내용을 이해하지 못해서 싸움이 된 사례, 계약서나 안내문에 적힌 글의 내용을 이해하지 못해서 불편함을 겪은 사례 등 말이죠.

아이들이 어렸을 때 한글을 잘 익힐 수 있도록 돕지만, 한글을 익힌 뒤 글을 읽고 쓰는 능력과 관련된 적절한 교육이 이루어지지 않고 있다는 생각이 들었습니다. 과연 우리 아이들이 글을 잘 읽는 방법, 글을 잘 쓰는 방법을 제대로 배우고 있는가? 의문이 들기 시작했습니다. 교과서나 책을 읽고 그 내용을 제대로 이해하여 자기 것으로 잘 소화하는 아이가 있는 반면에 교과서나 책을 읽어도 자기 것으로 잘 소화하지 못하는 아이도 있었으니까요. '이러한 차이는 어디에서 오는 것일까?' 곰곰이 생각했습니다. 그리고 글을 제대로 읽고 쓰는 능력, 즉 문해력의 차이에서 온다는 것을 깨달았습니다.

전부터 부족하다고 느꼈던 것이 무엇인지도 알았습니다. '지금 하는 수업이 정말 아이들의 배움과 삶에 의미가 있다고 할 수 있는가' 하는 질문에 스스로 긍정적인 대답을 할 수 없었던 것입니다. 아이들이 자신의 배움을 잘 만들어 가려면, 그리고 자신의 삶을 잘 꾸려 나가려면 문해력을 갖춰야 한다고 생각했습니다. 그래서 교실에서 문해력 수업을 하기로 했습니다. 글을 제대로 읽고 쓰는 방법을 배울 수 있는 문해력 수업을 말이죠.

문해력 수업을 하며 '이 수업이 정말 의미 있구나!' 생각했습니다. 책에 관심을 가지기 시작한 아이들, 어려운 글을 이해할 수 있게 된 아이들, 글을 읽고 생각이나 느낌을 깊이 있게 표현할 수 있게 된 아이들, 자신이 글을 읽고 그 내용을 이해했는지 아닌지 스스로 점검할 수 있게 된 아이들을 보며 뿌듯했습니다.

지금 내가 가르치고 있는 아이들이 '스스로 배우며 성장하는 사람'으로 자라도록 돕고 싶나요? 아이들에게 의미 있는 교육 경험을 제공하고 싶나요? 그렇다면 지금부터 문해력 수업에 도전해 보세요. 글을 제대로 읽고 쓰는 방법을 구체적으로 알려주고 실제로 적용하는 경험을 제공함으로써 아이들이 배움의 기반을 탄탄히 다질 수 있게 도와줄 수 있습니다.

책을 통해 문해력 수업을 하기 위해 알아야 할 내용, 문해력 수업을 설계하는 방법, 효과적인 문해력 수업을 위해 할 수 있는 일, 문해력 수업의 실제 사례를 소개하고자 합니다. 선생님만의 문해력 수업 방법을 만들어 나가는 일에 도움이 되기를 바랍니다.

2022년 10월 박현수

| 차례 |

I

교실에서 하는
문해력 수업

1. 초등 문해력 수업의 방향성

최근 문해력이 교육에서 큰 화두로 떠오르고 있습니다. 문해력을 간단히 정의하면 글을 읽고 쓰는 능력이라고 할 수 있습니다. 여기서 글을 읽고 쓰는 능력은 기초적인 수준을 말하지 않습니다. 어떤 목적을 달성하기 위해 글을 비판적으로 읽는 능력, 어떤 목적을 위해 글을 생산하는 능력을 의미합니다.

초등 문해력 수업의 방향성을 잡는 일은 중요합니다. 수업의 방향성이 수업 활동, 평가, 아이들을 보는 관점 등에 영향을 주기 때문입니다. 초등 문해력 수업은 학습자가 목적을 달성하기 위해 글을 비판적으로 읽는 능력, 주어진 목적에 맞는 글을 생산하는 능력을 갖추는 일에 방향성을 두어야 합니다.

문해력이 기초적인 수준을 넘어선 읽고 쓰는 능력을 의미한다고 하더라도 시작은 기초적인 수준에서 출발해야 합니다. 가장 쉽고 기초적인 수준의 읽고 쓰기를 제대로 할 수 있어야 그 이상의 것을 할 수 있기 때문입니다. 간단한 줄글로 된 글 읽기, 짧은 글로 표현하기를 제대로 할 수 없는 상태에서 비판적으로 읽기, 목적에 맞는 글을 쓰기란 어렵습니다.

따라서 초등 문해력 수업은 기초적인 수준의 읽고 쓰기 능력을 갖추는 것과 동시에 목적과 상황을 고려하여 비판적으로 글을 읽는 능력, 목적을 달성하기 위해 글을 생산하는 능력을 기르는 것을 모두 고려해야 합니다. 이 두 가지를 모두 고려한 수업을 하면 지금 내가 하는 수업이 문해력 향상에 진정으로 도움이 되는지 판단할 수 있습니다. 그저 단순히 글자를 읽고 쓰는 것에만 집중하고 있는 수업을 하는 것은 아닌지, 혹은 반대로 아이들의 현재 수준과는 동떨어진, 너무 어려운 수준의 문해력 수업을 하는 것은 아닌지 돌이켜 볼 수 있습니다.

초등 문해력 수업에서 기억해야 할 것은 '아이들이 읽고 쓰는 경험을 할 수 있게 **어떻게** 도울 것인가?'입니다. 문해력을 기르려면 글을 제대로 읽고 쓰는 경험을 꾸준히 해야 합니다. 글을 대충 읽고 쓰는 경험은 문해력 기르기에 도움을 주지 않습니다. 아이들의 문해력 신장에 도움이 되는 활동을 꾸준히 할 수 있도록 해주세요.

2. 초등 문해력 수업의 문제점과 해결 방안

방향성을 설정했더라도 학급에서 문해력 수업을 하다 보면 여러 어려움에 봉착하게 됩니다. 문해력 수업에서 만날 수 있는 문제점에 무엇이 있는지, 그리고 이를 어떻게 해결할 수 있을지 알아봅시다.

1) 수업 시간 부족에 따른 어려움

문해력 수업을 위한 시간을 마련하는 일에 어려움이 있을 수 있습니다. 실제 현장에서 해야 할 수업은 많이 있는데 문해력 기르기 수업 시간을 따로 마련하려니 힘듭니다. 그렇기에 문해력 수업 시간을 따로 마련하는 것이 아닌 다른 해결 방법을 찾아야 합니다.

수업 시간 문제는 교육과정 재구성을 통해 해결할 수 있습니다. 글을 제대로 읽고 쓰는 경험은 다양한 교과 수업에서 할 수 있습니다. 수학 시간에 문장제로 제시된 글을 이해하며 읽는 연습, 사회 혹은 과학 시간에 교과서를 제대로 읽는 연습을 할 수 있죠. 수업 시간에 배우는 주제에 대한 읽기, 쓰기 자료를 준비하여 그 주제에 대해 좀 더 깊이 있게 배울 수 있는 수업을 준비할 수도 있습니다. 국어 시간에는 단원에서 배우는 내용을 고려하여 문해력 기르기 자체에 초점을 두고 수업을 재구성할 수도 있습니다.

실과 수업에서 분리수거에 대해 가르쳐야 한다고 생각해 봅시다. 교과서에 나온 활동 대신 분리수거에 관한 글을 읽고 내용을 정리한 뒤 생각이나 느낌을 글로 쓰는 문해력 수업으로 재구성할 수 있습니다. 이렇게 하면 시간을 아낄 수 있습니다.

2) 아이들의 개인차에 따른 어려움

글을 읽고 쓰는 능력에서 차이가 큰 것도 문해력 수업을 하는 데 겪을 수 있는 문제입니다. 이러한 문제는 아이들 개개인의 현 수준을 정확하게 진단하고, 지금보다 더 잘할 수 있게 돕는 방법을 찾음으로써 해결할 수 있습니다.

(1) 개인차를 고려한 읽기 지도의 예

교과서에 나온 글을 읽은 뒤, 내용을 제대로 이해했는지 확인합니다. 내용을 제대로 이해했다면 배운 내용과 관련하여 좀 더 어려운 글을 읽는 데 도전하도록 합니다. 반대로 교과서에 나온 글을 이해하기 어려워한다면 교과서에 있는 글만큼은 제대로 읽을 수 있도록 돕습니다. 질문에 답하기, 중요한 내용 찾기와 같은 방법을 적용하여 교과서를 잘 읽을 수 있도록 지도합니다.

(2) 개인차를 고려한 쓰기 지도 예

A는 세 문장 이상 글쓰기를 어려워합니다. 반면에 B는 공책 한 면 가득 글을 쓸 수 있습니다. A와 B에게 같은 방법으로 지도하는 것은 좋은 방법이 아닙니다. A에게는 세 문장으로 된 글을 꾸준히 쓰게 함으로써 글쓰기

에 익숙해지도록 지도합니다. B에게는 글의 구조를 고려해서 글 쓰는 방법이나 글의 장면을 생생하게 표현하는 방법을 알려주며 좀 더 어려운 글쓰기에 도전하도록 격려합니다.

3) 적절한 글을 찾고 활용하는 일에 대한 어려움

수업 시간에 배우는 내용과 관련된 읽기 자료를 찾는 일에 어려움을 겪을 수 있습니다. 과학 시간에 우주에 대해 배운다고 생각해봅시다. 우주에 관한 글을 활용하여 문해력 수업을 할 수 있습니다. 하지만 우주에 관한 글을 찾으려면 시간과 노력이 필요합니다.

적절한 글을 찾았더라도 이를 활용하는 일에 어려움을 느낄 수도 있습니다. 기껏 우주에 관한 글을 찾았지만, 수업 시간에 어떻게 활용해야 할지 감이 잡히지 않을 수도 있죠.

수업에 활용할 글을 찾는 문제는 아이들과 동료 선생님들의 도움을 받아 해결할 수 있습니다. 아이들에게 집에 있는 책 중에 수업 시간에 배운 내용과 관련된 주제의 책을 읽도록 과제를 제시해 보세요. 글을 열심히 읽어야겠다는 마음을 가질 수 있도록 읽은 책의 제목, 그 책을 선택한 까닭, 인상적이었던 내용을 말하는 활동을 해도 좋습니다.

아이들 책에 관심이 많은 선생님에게 좋은 글을 추천받을 수도 있습니다. 주변에 도움을 요청할 선생님이 없다면 SNS에 아이들 책에 대해 기록하는 선생님들의 글을 찾아 읽어 보세요.

II

문해력 수업의 기초

1. 읽기 방법을 배우는 문해력 수업

글을 잘 읽는 사람들은 적절한 읽기 방법을 적용하여 내용을 이해하며 읽습니다. 아이들은 이런 읽기 방법을 배워야 합니다. 글을 효과적으로 읽기 위해 알아야 할 것, 할 수 있어야 하는 것을 살펴봅시다.

1) 적절한 수준의 글 고르기

교실에서 아이들이 책 읽는 모습을 생각해 볼까요? 자신이 읽기에 적절한 책을 선택해서 적정한 시간 동안 책을 잘 읽는 아이들이 있습니다. 반면에 책을 고르는 일부터 어려움을 겪는 아이들도 있습니다. 책장 앞에서 책을 고르는 일에 오랜 시간을 쓰는 아이들도 있고, 책을 금방 골랐더라도 잠깐 읽다가 다른 책으로 바꾸는 아이들도 있죠.

아이들은 적절한 글을 선택하는 방법을 배워야 합니다. 글을 읽는 목적을 생각하며 읽을 글을 선택했더라도 이해하기 너무 어렵거나 반대로 너무 쉽다면 효과적인 읽기를 할 수 없습니다.

일반적으로 학급 아이들을 대상으로 하는 문해력 수업의 경우 교사가 아이들의 읽기 수준을 고려하여 글을 선택합니다. 학급에서 하는 문해력 수업은 여러 아이들을 대상으로 하기에 교사가 대표로 글을 고르는 것이 효율적이긴 합니다. 하지만 아이들 스스로 글을 고르는 경험을 제공하는 일에 소홀해질 수도 있습니다. 교사가 고른 글을 읽는 시간과 아이들 스스로 선택한 글을 읽는 시간의 균형이 잘 이루어져야 합니다.

학기 초에 「적절한 수준의 글 고르기」 활동을 해보세요. 자기 수준에 알맞은 글이 무엇인지 기준을 구체적으로 알려주고, 그 기준에 맞춰 글을 고르는 활동입니다. 선택한 글이 적절한 수준이라고 생각하는 까닭 말하기,

책을 고르고 기준표에 표시하기와 같은 활동을 할 수 있겠죠. 더 나아가 글을 읽는 목적을 생각하며 읽을 글을 찾는 연습을 해도 좋습니다.

너무 쉬운 글	적절한 수준의 글	너무 어려운 글
·모르는 어휘가 없다. ·집중하지 않아도 글의 내용을 이해할 수 있다. ·글 안에 알고 있는 내용이 많이 있다. ·글을 빨리 읽을 수 있다.	·대부분 아는 어휘로 되어 있다. ·내용을 이해하여 설명할 수 있다. ·계속 읽고 싶다는 생각이 든다. ·나의 경험과 글의 내용을 연결할 수 있다.	·대부분 모르는 어휘로 되어 있다. ·집중해서 읽어도 무슨 내용인지 이해할 수 없다. ·글을 읽는 데 시간이 오래 걸린다. ·글을 계속 다시 읽어야 하며, 혼란스럽다.

2) 스스로 점검하며 읽기

글을 읽으며 내용을 이해하는 일은 매우 중요합니다. 하지만 이해는 머릿속에서 이루어집니다. 그렇기에 교사가 수업 상황에서 아이들의 이해 여부를 즉각적으로 확인하기란 어렵습니다. 게다가 교사가 아이들의 이해를 대신해줄 수도 없습니다. 따라서 아이들 스스로 내용을 제대로 이해했는지 확인하며 글을 읽을 수 있어야 합니다. 글을 읽을 때 자신에게 다음과 같이 질문하며 읽기 과정을 점검하게 해보세요.

[글을 이해하면서 읽고 있는지 점검하기 위한 질문]

◎ 내가 읽은 문장의 의미를 이해했는가?
◎ 이 문단에서 말하고자 하는 내용은 무엇인가?
◎ 내가 기억해야 할 내용은 무엇인가?
◎ 내가 읽은 글의 내용을 다른 사람에게 설명할 수 있는가?

글을 이해하며 읽지 못하고 있다는 생각이 든다면 이해를 돕기 위한 적절한 전략(천천히 읽기, 다시 읽기, 소리 내어 읽기, 글에 제시된 그림이나 도표 같은 시각 자료 참고하기 등)을 사용해야 함을 알려줍니다. 이런 전략들을 아는 데서

그치지 않고 직접 활용할 수 있게 해주세요.

어떤 아이들은 대충 읽은 것을 제대로 읽었다고 생각하기도 합니다. 이런 경우 대충 읽은 것과 제대로 읽은 것의 차이점을 알려주세요. 대충 읽은 것과 제대로 읽은 것에 어떤 차이가 있는지 알아보고 비교표를 만든 뒤, 이를 책 읽는 시간에 활용하는 것도 좋습니다.

[대충 읽기와 제대로 읽기 비교표]

대충 읽기	제대로 읽기
· 그림만 보는 것 · 낱말, 문장을 정확하게 읽지 않는 것 · 집중하지 않고 읽는 것 · 페이지를 마구 넘기면서 읽는 것 · 책에 있는 글자 수와 비교했을 때 너무 빨리 읽는 것	· 글과 그림, 글에 제시된 자료들에 집중해서 읽는 것 · 낱말, 문장을 빠뜨리지 않고 정확하게 읽는 것 · 이야기하지 않고 집중해 읽는 것 · 어떤 내용인지 머릿속에 그림을 그리며 읽는 것

위에 제시된 표에 있는 내용 이외에도 아이들과 교사의 경험 속에서 더 많은 이야기가 나올 수 있습니다. 아이들과 함께 비교표를 만들어보세요.

스스로 점검하며 읽기는 수업 시간에 자연스럽게 녹여서 지도해야 합니다. 수업 시간에 글을 읽는 것은 배움을 목적으로 합니다. 그렇기에 이해 여부가 중요하죠. 수업 중 배움을 위한 글을 읽을 때 이 방법을 사용할 수 있게 해주세요.

3) 시각화하기

글을 읽으며 머릿속에 그림을 그리는 것을 시각화라고 합니다. 시각화는 글을 자신의 것으로 만들 수 있게 해줍니다. 글을 읽으면서 머릿속에 그림을 그리면 글자만 읽는 것을 방지할 수 있습니다.

발달 특성상 초등 아이들이 머릿속에 바로 시각화를 하기란 쉽지 않습니다. 눈으로 볼 수 있는 그림이 아니기 때문이죠. 글을 읽고 머릿속에 떠오른 장면을 실제 그림으로 표현하는 활동부터 시작해 보세요. 이때 주의해야 할 점이 있습니다. 이 활동의 목적은 시각화하기를 익히는 것이기에 그림 실력에 치중하지 않도록 해야 한다는 것입니다.

긴 글이라면 글을 읽는 과정 중 적절한 지점에서 멈춘 뒤 떠오르는 장면을 그림으로 표현하게 해보세요. 접착메모지에 글을 읽는 과정에서 머릿속에 떠올린 그림을 그린 뒤 해당 쪽수에 붙이는 활동을 할 수 있습니다.

시각화하기를 어렵게 느낀다면 아주 짧고 쉬운 글에서부터 시작해 보세요.

하니는 화분에 방울토마토를 심었습니다. 방울토마토가 쑥쑥 잘 자라기를 바라면서 말이죠. 하니가 심은 방울토마토가 쑥쑥 잘 자랄까요?

이처럼 짧은 글을 읽은 뒤 식물을 길렀던 경험과 연결 지어 떠오른 장면을 그려보게 합니다.

아이들은 최종적으로 머릿속에서 시각화하기를 사용할 수 있어야 합니다. 그렇기에 실제 그림으로 표현하는 활동만 하는 것은 바람직하지 않습니다. 적절한 시점부터는 머릿속에 그림을 그리는 단계로 넘어와야 합니다. 교사가 짧은 글이나 그림책을 읽어주는 동안 아이들은 눈을 감고 머릿속에 그림을 그리게 해보세요. 그리고 서서히 글의 양을 늘리며 시각화하기의 수준을 높여 주세요.

[시각화하기 익히기 지도 방법]

◎ 글을 읽는 과정에서 머릿속에 떠오른 장면을 실제 그림으로 표현하기
◎ 짧고 쉬운 글부터 시작하기
◎ 교사가 들려주는 이야기를 들을 때, 눈을 감고 머릿속에 그림 그리기
◎ 다른 읽기 전략과 통합하기

같은 글을 읽더라도 아이마다 시각화하는 수준에 차이가 있습니다. 따라서 시각화를 제대로 하는지 확인하는 시간을 가져야 합니다. 글을 읽으며 머릿속에 그린 그림에 대해 설명하기, 글을 읽고 머릿속에 떠오른 장면을 실제 그림으로 표현한 뒤 중요한 내용이 그림에 들어 있는지 찾기와 같은 활동을 통해 시각화를 잘하고 있는지 확인할 수 있습니다.

시각화를 잘함	시각화에 어려움이 있음
· 글을 읽으며 머릿속에 자세한 내용을 그릴 수 있음. · 문학 영역: 인물, 사건, 배경이 머릿속에 명확하게 그려짐. · 비문학 영역: 글의 주제와 자신이 알고 있던 지식과 경험과 관련지어 그림을 그릴 수 있음. · 자신이 머릿속에 시각화한 그림을 다른 사람에게 설명할 수 있음.	· 머릿속에 그림을 그리지 않고 글자만 읽음. · 문학 영역: 인물, 사건, 배경이 머릿속에 그려지지 않음. · 글에서 중요한 내용이 시각화되지 않음. · 자신이 머릿속에 시각화한 그림을 다른 사람에게 설명하는 데 어려움이 있음.

글을 읽고 머릿속에 떠오른 장면을 설명하는 활동은 각자의 배경지식이 달라서 읽기 과정에 차이가 나타난다는 사실을 배우게 해줍니다. 같은 글을 읽더라도 아이마다 떠올린 그림이 다른데, 이는 각자가 가지고 있는 경험과 배경지식에 차이가 있기 때문이죠. 시각화한 그림에 대한 설명을 마친 뒤, "왜 같은 글을 읽고 각자 다른 그림을 그렸을까?" 질문해보세요.

시각화한 그림에 중요한 내용이 들어 있는지 살펴보는 활동을 할 때는 활동을 시작하기 전에 아이들에게 중요한 내용이 들어가게 시각화해야 함을 안내해야 합니다. 그래야 글을 읽으며 중요한 내용이 무엇인지 생각하며 시각화하려고 노력하기 때문입니다. 시각화한 뒤에는 그것이 왜 중요하다고 생각하는지 이야기를 나누며 글에서 중요한 내용을 찾는 방법에 대해 자연스럽게 배울 수 있게 해주세요.

시각화하기를 통해 어휘력의 중요성도 알려줄 수 있습니다. 처음에는 어려운 어휘로 된 문장을 읽고 머릿속에 떠오른 그림을 그립니다. 이어서 어려운 어휘의 의미를 파악한 다음 다시 그 문장을 읽고 머릿속에 떠오른 그림을 그립니다. 그리고 두 개의 그림을 비교하며 왜 그림에 차이가 났을지 생각합니다. 이렇게 하면 어휘의 의미를 파악하고 글을 읽는 것이 내용을 이해하는 데 도움이 된다는 것을 배울 수 있습니다.

4) 요약하기(중요한 내용 찾기)

글을 잘 요약하려면 중요한 내용을 찾아야 합니다. 여러 문장으로 이루어진 글 사이에서 중심 생각을 찾을 수 있어야 하죠. 이때 글의 세부 내용에만 너무 신경 쓰다 보면 중요한 내용을 놓치기 쉽습니다. 요약하기를 잘하려면 글의 전체적인 내용을 이해해야 합니다.

중요한 내용 찾기는 세상을 잘 살아가기 위해서도 할 수 있어야 합니다. 일상에서 자주 만나면서도 중요도가 높은 글에 계약서가 있습니다. 계약서는 수많은 문장으로 이루어져 있으며, 많은 내용을 담고 있습니다. 그래서 그 내용을 이해하는 일이 쉽지 않습니다. 제대로 계약서 내용을 이해하지 못해 곤혹스러운 일을 겪는 경우도 있죠. 계약서에 있는 수많은 문장 중 중요한 내용을 찾을 수 있어야 합니다.

요약하기는 국어 시간에 다루어집니다. 요약하기가 나오는 단원에서 교과서의 글이 아이들 수준에 적절한지 점검해야 합니다. 글의 수준이 적절하지 않다면 다른 글로 대체하여 요약하기를 가르쳐야 합니다. 적절한 수준의 글을 요약하는 연습을 하되, 읽기 수준이 높아짐에 따라 더 높은 수준의 글을 요약하는 연습으로 이어지게 합니다.

길고 어려운 글을 요약할 땐 짧은 글을 요약할 때보다 전략적으로 접근해야 합니다. 제목 살펴보기, 첫 문단과 마지막 문단 살펴보기, 첫 문장과 마지막 문장 살펴보기, 글쓴이가 글을 읽는 사람에게 하고 싶은 말은 무엇인지 생각하기와 같은 방법을 사용하도록 알려주세요.

국어 시간에 요약하기를 배운 뒤 이것을 다른 교과 수업 시간에도 적용하게 해주세요. 학습을 위해 글을 읽을 때(read to learn) 어떻게 요약해야 하는지 배울 수 있습니다.

저학년의 경우 교육과정과 발달단계를 고려하여 요약하기가 아닌 짧은 글을 읽고 중요한 내용을 찾는 활동을 합니다. 2015 개정 교육과정에 1-2학년군 국어 성취기준에 「글을 읽고 주요 내용을 확인할 수 있다」가 있습니다. 이 성취기준에 도달해야 이후에 요약하기를 좀 더 편하게 배울 수 있습니다.

아이들에게 요약하기를 돕는 질문을 제공해 보세요. 질문을 통해 도움을 주되, 서서히 질문을 줄여나가 아이들 스스로 질문이 없어도 요약하기를 할 수 있게 합니다. 요약하기를 돕는 질문은 문학이냐 비문학이냐에 따라, 글에서 다루는 주제에 따라 달라집니다. 아래 질문을 참고해 보세요.

[요약하기를 돕는 질문과 활동]

◎ 문학
인물, 배경, 사건, 갈등, 해결 과정을 중심으로 요약합니다.

[요약하기를 돕는 질문]

· 주인공은 누구인가요?
· 이야기에서 사건이 일어나는 시기는 언제인가요?
· 이야기에서 사건이 일어나는 장소는 어디인가요?
· 등장인물이 원했던 것은 무엇인가요?
· 등장인물을 어렵게 만든 것은 무엇인가요?
· 등장인물은 어떤 일을 겪었나요? 왜 이런 일이 일어났나요?
· 등장인물은 갈등을 어떻게 해결했나요?
· 이야기의 마지막은 어땠나요?

[요약하기를 돕는 활동]

· 좋아하는 이야기 요약하기
· 시간의 흐름이나 일이 일어난 원인과 결과에 따라 정리할 수 있는 활동지 제공하기

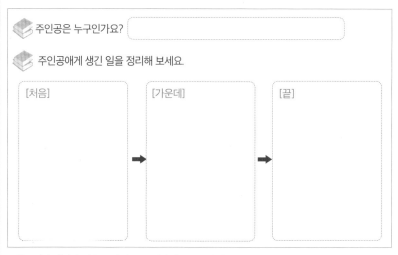

주인공은 누구인가요?

주인공애게 생긴 일을 정리해 보세요.

[처음] → [가운데] → [끝]

· 활동지에 정리한 내용을 바탕으로 이야기를 요약하여 말하기
· 요약하여 말한 내용을 글로 쓰기(주인공, 갈등, 해결 방법 등이 드러나게)

◎ 비문학
주제에 대한 중요한 정보를 중심으로 글의 구조와 설명 방식을 고려하여 자신이 이해한 말로 요약합니다.

[요약하기를 돕는 질문]

· 무엇에 관한 글인가요?
· 중심 생각은 무엇인가요?
· 중심 생각을 뒷받침하는 내용은 무엇인가요?
· 글쓴이는 글을 읽은 사람이 무엇에 대해 이해하기를 원할까요?

[요약하기를 돕는 활동]

· 주제와 중심 생각 구분하기
· 주제를 파악하기 위해 글 훑어 읽기

<주제와 중심 생각의 차이점 알려주기>	
주제	중심 생각
· 구체적이지 않고 일반적임 · 단어로 표현할 수 있음 · 보통 제목에서 찾을 수 있음 예) 환경	· 글쓴이의 주제에 대한 생각, 하고 싶은 말 · 문장으로 표현할 수 있음 · 글 안에서 찾을 수 있음 예) 우리는 환경을 보호해야 한다.

· 불필요한 내용 제거하기
· 중심 생각 찾기
· 다른 사람에게 요약한 내용 말하기
· 요약하여 말한 내용을 글로 쓰기
· 중심 생각과 중요한 정보를 처음에 제시하기

글을 읽고 요약할 땐 글의 구조, 설명 방식, 내용, 글쓴이의 생각 등을 종합적으로 고려해야 합니다. 그러다 보니 아이들이 어렵다고 느끼기 쉽죠. 이런 것들을 정리할 수 있는 학습 자료를 제공해도 좋습니다.

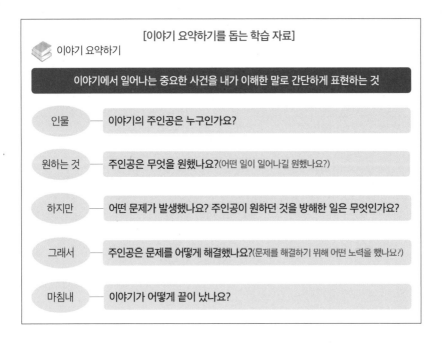

[이야기 요약하기를 돕는 학습 자료]

이야기 요약하기

이야기에서 일어나는 중요한 사건을 내가 이해한 말로 간단하게 표현하는 것

인물 —— 이야기의 주인공은 누구인가요?

원하는 것 —— 주인공은 무엇을 원했나요?(어떤 일이 일어나길 원했나요?)

하지만 —— 어떤 문제가 발생했나요? 주인공이 원하던 것을 방해한 일은 무엇인가요?

그래서 —— 주인공은 문제를 어떻게 해결했나요?(문제를 해결하기 위해 어떤 노력을 했나요?)

마침내 —— 이야기가 어떻게 끝이 났나요?

5) 질문하기

글을 잘 읽는 사람은 글을 읽는 과정에서 글의 내용, 사건, 생각 등에 대해 계속 질문합니다. 글을 읽으며 질문에 대한 답을 찾는 것은 글과 독자가 상호작용한다는 것입니다. 글의 내용을 일방적으로 받아들이는 것이 아니라 '왜 그럴까?', '그래서 어떻게 됐을까?', '이 말이 사실일까?' 질문하며 소통하는 것이죠.

질문하기는 글을 읽기 전, 중, 후에 사용합니다. 글을 읽기 전, 표지나 제목을 보고 어떤 내용일지 예측하는 질문, 표지와 제목을 보고 자신의 배경지식을 떠올리는 질문을 합니다. 글을 읽으면서는 내용에 대해 이해하고 있는지 점검하는 질문, 어떤 생각이 드는지 물어보는 질문, 앞으로 어떤 내용이 나올지 예상하는 질문을 합니다. 글을 읽은 후에는 글의 내용에 대해 깊이 있게 생각하는 질문을 합니다. 글쓴이가 어떤 관점에서 이런 글을 썼을지, 독자에게 어떤 이야기를 전달하고 싶었을지, 글쓴이가 쓴 내용에 대해 나는 어떻게 생각하는지 질문할 수 있습니다.

아이들이 질문하기를 효과적으로 사용하며 글을 읽기를 원한다면 질문하기를 왜 사용해야 하는지 알도록 해야 합니다. 국어 교과서를 보면 글을 읽기 전에 질문을 만드는 활동, 글을 읽는 중간에 답변하는 활동이 나옵니다. 이런 활동은 아이들이 글을 읽으며 질문하기를 사용하도록 제시된 것입니다. 하지만 아이들이 질문하기를 사용해야 하는 이유를 알지 못한다면 의미 없는 활동이 되기 쉽습니다. 글과 상호작용을 하면 수준 높고 능동적인 읽기를 할 수 있음을 알려주세요.

글을 읽고 아이들 스스로 질문을 만드는 시간을 가져보세요. 처음에는 글에 나오는 사실을 묻는 가벼운 질문을 만들 수도 있습니다. 가벼운 질문은 글의 내용을 이해하는 데 도움을 줍니다. 하지만 더 높은 수준의 읽

◎ 글을 읽는 전체 과정(읽기 전, 중, 후)에서 질문하기를 사용한다.
◎ 육하원칙을 활용한 질문을 만든다.
◎ 글을 읽다가 이해가 되지 않을 때 질문을 만든다.
◎ 의미를 명확하게 이해하기 위한 질문을 한다.
◎ 다음에 나올 내용이 무엇인지 예상하기 위한 질문을 한다.
◎ 글을 읽으며 질문에 대한 답을 찾는다.

기로 이어가려면 깊이 있는 질문을 해야 합니다. 글을 읽고 바로 대답하기 어려운 질문, 생각해서 답을 해야 하는 질문 말이죠. 가벼운 질문과 깊이 있는 질문 하나씩 만들기, 모둠원과 함께 좋은 질문 만들기와 같은 활동을 통해 자발적으로 질문하며 읽기를 할 수 있게 도와주세요.

내용에 대한 질문(가벼운 질문)	생각해야 하는 질문(깊이 있는 질문)
· 대답하기 쉬운 질문 · 글 안에 답이 있는 질문 · 답이 정해져 있는 질문	· 대답하기 어려운 질문 · 글에 나온 단서를 이용하여 답을 해야 하는 질문 · 배경지식을 활용하여 답해야 하는 질문 · 다양한 답이 나올 수 있는 질문

예시)
· 등장인물은 누구인가요?
· 사건이 언제 일어났나요?
· 글의 배경은 어디인가요?
· 무엇에 대해 설명하는 글인가요?
	예시)
	· 글쓴이의 생각에 대해 어떻게 생각하나요?
	  왜 그렇게 생각하나요?
	· 처음에 등장인물은 어떤 감정이었을까요?
	  왜 그렇게 생각하나요?
	· 내가 주인공이라면 어떻게 했을까요?

질문 만들기는 그림을 보고 할 수도 있습니다. 아이들이 읽기 자체에 부담이 있는데 여기에 질문 만들기까지 더해져서 부담이 늘어나는 상황이라면 그림을 보고 질문 만들기 활동을 해보세요. 그림책의 그림이나 미술 교과서에 나오는 그림을 보고 질문을 만드는 활동을 할 수 있습니다.

6) 추론하기

추론은 글에 나와 있지 않은 내용을 짐작하는 것으로 글에 나온 내용, 배경지식, 경험을 바탕으로 결론을 도출하는 것입니다. 추론은 논리적으로 해야 하며 이를 위해 글을 읽을 때 자신의 경험과 지식, 글에 나온 단서 등을 활용해야 합니다.

추론을 가르칠 때는 추론하는 방법을 구체적으로 알려줘야 합니다. 글에 나와 있지 않은 내용에 대해 생각할 때 근거가 있어야 한다는 점, 정답이 두 개 이상일 수도 있다는 점 등을 말이죠. 추론은 읽기 과정에서 인지하지 못한 채로 하기도 하는데, 이럴 때 추론을 했다는 것을 짚어 줄 필요도 있습니다.

추론이라는 말을 많이 들어보고 알고는 있지만, 막상 이것을 수업에 녹여내기가 어렵다고 느낄 수 있습니다. 하지만 사실 그동안 글을 읽는 수업에서 추론하기를 자연스럽게 가르쳤습니다. 글을 읽고 인물의 마음을 짐작한 뒤 왜 그렇게 생각하는지, 주인공이 사건을 통해 어떤 생각을 했을지 물어보는 활동을 통해서 말이죠. 추론이라는 말을 드러내놓고 사용하지는 않았지만, 알고 보면 추론하기에 해당하는 활동입니다. 앞으로는 이런 활동을 할 때 추론이라는 말을 자연스럽게 사용해 보세요. 아이들에게 추론이 어렵고 멀리 있는 것이 아닌 것을 알 수 있게 말이죠.

추론하기는 글을 읽을 때만 사용하는 기술이 아닙니다. 따라서 다양한 상황에서 추론하는 경험을 하고, 이런 경험을 글을 읽을 때 사용할 수 있게 도울 수 있습니다. 교실에서 추론하기를 할 수 있는 방법을 알아볼까요?

첫째, 실생활에서 추론을 하고 있음을 알도록 이야기를 나눕니다. 추론이 굉장히 특별한 것이 아니며, 실생활에서 이미 우리가 사용하고 있는 기술이라는 것을 알 수 있는 방법입니다. 집에서 나왔는데 땅이 축축하게 젖어 있다면 비가 왔다고 추론할 수 있습니다. 그동안의 경험을 근거로 말이죠. 교실에 왔는데 친구가 손가락에 깁스를 했다면 손가락을 다쳤다는 것을 짐작할 수 있습니다. 손가락에 깁스를 하는 이유를 알고 있기에 논리적인 추론을 할 수 있는 것입니다. 이렇게 실생활에서 자연스럽게 추론하기를 사용하고 있음을 알면, 글을 읽을 때도 충분히 추론을 할 수 있겠다는 자신감을 가질 수 있습니다.

둘째, 어린이 신문에 실린 기사 사진을 보고 어떤 내용일지 추론해봅니다. 신문 기사에는 기사 내용과 어울리는 사진이 함께 제시되는 경우가 많습니다. 그래서 신문 기사 내용을 확인하기 전에 사진을 먼저 보고 어떤 일이 있었을지, 어떤 내용의 기사일지 추론하는 활동을 할 수 있습니다. 사진을 보고 추론하고, 그렇게 추론한 까닭을 이야기 나눈 뒤 신문 기사 내용을 확인하여 자신이 추론한 내용과 비교하는 시간을 가져보세요.

셋째, 글이 적은 그림책을 읽으며 추론해봅니다. 글이 적거나 없는 그림책을 활용하여 추론하는 시간을 가집니다. 처음부터 어려운 글을 읽고 추론하도록 하는 것은 아이들에게 부담이 될 수 있습니다. 그림책은 그림을 보고 추론할 수 있는 부분이 많아서 추론하기를 배우는 초기 단계에 활용하기 좋습니다.

넷째, 하나의 그림을 보고 다양한 추론이 나오도록 이야기를 나눕니다. 추론을 하다 보면 두 개 이상의 결론이 나올 때가 많습니다. 따라서 주어진 상황에서 여러 가지 추론을 하는 경험도 필요합니다. 그림이나 사진을 제시한 뒤, 그것을 보고 다양하게 추론하여 여러 가지 결론을 정리하는 시간을 가져보세요. 이때는 단순한 그림이나 사진보다 여러 가지 일이 동시에 일어나고 있는 다소 복잡한 상황의 그림이나 사진을 제시하는 것이 좋습니다.

다섯째, 등장인물의 생각을 추론해 봅니다. 이야기를 읽고 등장인물이 어떤 생각을 하는지 정리하며 읽게 해보세요. 등장인물의 생각을 추론하기에 적절한 장면에서 읽기를 잠깐 멈춥니다. 그리고 그곳에 접착 메모지를 붙인 뒤 등장인물이 어떤 생각을 했을지, 왜 그렇게 생각했을지 정리하게 해보세요.

7) 모르는 어휘가 나왔을 때 대처하기

누구든지 글을 읽다 보면 모르는 어휘를 만납니다. 그렇기에 모르는 어휘가 나왔을 때 어떻게 해야 하는지 알아야 합니다.

국어 시간에 모르는 어휘가 나왔을 때 어떻게 해야 하는지 배웁니다. 하지만 이것을 국어 시간에 관련 내용이 나왔을 때만 지도하면 안 됩니다. 아이들의 삶 속에서 '읽기'는 계속 이루어지기 때문입니다. 읽기 활동을 하는 언제든지 모르는 어휘가 나왔을 때 어떻게 대처해야 하는지 알려주세요.

모르는 어휘가 나왔을 때 사용할 수 있는 방법에는 두 가지가 있습니다. 하나는 국어사전을 찾아보는 것이고 다른 하나는 그 의미를 짐작하여 읽는 것입니다.

(1) 국어사전 찾기

국어사전 활용법은 중학년이 되면 배웁니다. 국어사전 활용하는 방법을 배운 뒤 이를 적용할 기회를 충분히 주세요. 평소에도 국어사전을 스스로 찾아볼 수 있도록 말이죠.

교육과정을 고려한다면 저학년 시기에 국어사전을 사용법을 알려주는 것은 적절하지 않습니다. 교사가 국어사전을 찾는 모습을 자연스럽게 보여줄 수는 있지만, 저학년 아이들에게 지식적으로 접근하여 지도한다는 것은 어려운 일입니다. 대신 한글의 원리를 잘 이해할 수 있게 지도해야 합니다. 자음자와 모음자, 글자의 짜임을 이해해야 국어사전을 잘 찾을 수 있습니다.

(2) 어휘의 의미 짐작하기

모르는 어휘가 나왔을 때마다 국어사전을 찾아볼 수 없습니다. 어려운 말이 나올 때마다 국어사전을 찾으며 글을 읽으면 글을 읽는 시간보다 국어사전 찾는 시간이 더 많을지도 모릅니다. 게다가 선발을 위한 평가 상황에서는 국어사전을 활용할 수 없고, 저학년 아이들은 국어사전에 대해 배우지 않기도 합니다. 따라서 국어사전이 없어도 어휘의 의미를 짐작하여 파악할 수 있어야 합니다.

국어사전 없이 어휘의 의미를 파악하며 글을 읽을 수 있는 것은 글 안에 어휘의 의미를 알 수 있는 단서(힌트)가 있기 때문입니다. 문맥 속에서 어휘의 의미를 짐작하며 읽을 수 있는 아이들은 국어사전이 없어도 어휘의 의미를 파악하여 글을 제대로 읽어나갈 수 있습니다. 따라서 이런 능력을 기를 수 있도록 어휘의 의미를 짐작하며 읽는 연습을 해야 합니다.

어휘의 의미를 짐작하게 도와주는 단서에는 여러 가지가 있습니다. 어휘 뒤에 나오는 문장에서 뜻을 직접적으로 알려주기도 하고, 예시를 들어 의미를 파악할 수 있게 해주기도 합니다. 비슷한 의미를 가진 어휘, 혹은 반대되는 의미를 가진 어휘가 주변에 나오기도 하죠. 글이 전개되는 상황을 보며 의미를 추론할 수도 있습니다.

글을 읽으며 어휘의 의미를 짐작하는 활동을 충분히 해주세요. 이와 같은 활동을 할 때는 어휘의 의미를 짐작하게 도와주는 단서가 분명하게 드러난 글을 선택하는 것이 좋습니다. 어휘의 의미를 짐작하기에 적절한 글을 고르기가 어렵다면 교과서에 있는 글을 활용해보세요. 수업 시간에 배워야 할 내용이 담긴 글을 읽고 이 중 특정 어휘의 의미를 짐작하는 시간을 가질 수 있도록 말이죠. 사회, 과학 교과서에는 해당 학문과 관련된 어려운 어휘들이 나오곤 합니다. 사회, 과학 교과서를 읽으며 어휘의 의미를 짐작하는 활동을 하면 수업 시간을 절약할 수도 있습니다.

어휘의 의미를 짐작한 뒤에는 왜 그렇게 짐작했는지 물어보는 질문이 따라와야 합니다. 이런 질문은 타당한 근거를 가지고 어휘의 뜻을 생각하게 하여 추론 능력을 기를 수 있게 해주며, 실제 뜻에 가까운 의미를 짐작하게 해줍니다.

(3) 어휘력 기르기

어휘력은 문해력에서 큰 비중을 차지합니다. 애초에 알고 있는 어휘가 많으면 글을 이해하면서 읽기가 더욱 편한 것은 당연하겠죠. 글에 모르는 어휘가 많으면 그 의미를 생각하면서 읽어야 하기에 글의 내용에 집중하기 어렵습니다. 이것이 문해력 수업에서 어휘력 기르기 활동을 빼놓을 수 없는 이유입니다. 아이들의 어휘력을 기르기 위해 할 수 있는 가장 좋은 일은 책 읽기입니다. 책을 통해 익숙하지 않은 어휘를 많이 접할 수 있으며, 문맥 속에서 어휘를 바라보는 경험을 할 수 있습니다.

① 글 읽어주기 + 어휘 확장하기

글을 읽어준 뒤 그 글에 나온 특정 어휘를 놓고 어휘력 기르기에 도움이 되는 활동을 해보세요. 특정 어휘의 의미를 짐작하고 그렇게 생각한 이유에 대해 이야기를 나눕니다. 그리고 해당 어휘와 뜻이 비슷한 말, 반대되는 말을 찾습니다. 어휘에 포함되는 다른 어휘를 찾거나 그 어휘를 포함하는 더 큰 범주에 있는 어휘를 찾을 수도 있습니다.

아이들이 헷갈리기 쉬운 두 개의 어휘, 혹은 관련성이 있는 두 개의 어휘가 나온다면 비슷한 점과 다른 점을 찾는 활동을 통해 이해를 도울 수 있습니다. '물체'와 '물질'은 아이들이 혼동하는 어휘입니다. 이런 경우 물체와 물질의 비슷한 점과 다른 점을 정리하는 활동을 함으로써 두 어휘에 대한 이해를 높일 수 있습니다.

② 새롭게 배운 어휘 설명하기

아이들 스스로 글을 읽고 새롭게 알게 된 어휘에 관해 이야기하는 시간을 가져보세요. 어휘의 의미를 이해했다면 다른 사람에게 설명하는 건 어려운 일이 아닙니다. 덧붙여 새롭게 알게 된 어휘를 이야기할 때 의미를 이해하는 데 도움을 줄 수 있는 그림을 그려 이와 함께 설명하도록 해보세요. 어휘의 의미가 잘 드러나게 그림을 그리는 과정에서 해당 어휘를 더욱 잘 이해할 수 있으며, 설명을 듣는 아이들도 그 의미를 쉽게 이해할 수 있습니다.

③ 교과서에 나온 중요한 개념 익히기

교과서에 나온 중요한 개념에 대해 깊이 있게 알아보는 활동도 좋습니다. 사회, 과학 시간에는 중요하지만 친숙하지 않은 개념이 많이 나옵니다. '고장', '문화유산', '혼합물'처럼 말이죠. 이런 개념들에 대해 배울 때 그 의미를 제대로 파악할 수 있게 해야 합니다.

「① 글 읽어주기 + 어휘 확장하기」에 나온 활동과 함께 개념을 넣어 문장 만들기를 해보세요. 특히 개념이 들어간 문장을 만들려면 그것에 대한 이해가 있어야 합니다. 이 활동은 아이들에게는 '내가 이 개념을 잘 알고 있는가?'를 스스로 판단할 수 있게 해주고, 교사에게는 아이들의 개념 이해 여부를 평가할 수 있게 해줍니다.

[어휘력 기르기에 도움이 되는 방법]

◎ 낱말퍼즐, 끝말잇기, 말놀이 등으로 재미있게 어휘 익히기

저학년의 경우 어휘 익히기에 재미 요소를 포함할 필요가 있습니다. 낱말퍼즐, 끝말잇기, 말놀이 등 다양한 방법으로 어휘를 익힐 수 있게 도와주세요. 단, 이 활동들만으로 어휘를 익히기에는 다소 아쉬움이 있습니다. 책 읽어주기가 함께 이뤄진다면 더 많은 어휘에 노출되어 어휘력을 높이는 데 도움이 될 것입니다.

[말놀이를 통한 어휘 익히기 교육 방법]

말놀이는 아이들이 재미있게 어휘를 익힐 수 있는 활동입니다. 어휘뿐 아니라 한글과 문장을 익히기에도 좋아서 특히 저학년 아이들과 함께하면 좋습니다. 무엇보다도 말놀이는 특별한 준비 없이 할 수 있어 부담이 없습니다. 틈틈이 아이들과 말놀이를 해보세요.

√ 문장 길게 늘여서 말하기
  예: 학교에 왔습니다. → 하아아악교요오오오에에에에와아아았스으읍니이이이다아아아.
√ 글에 나온 흉내 내는 말(의성어, 의태어)을 실감나게 표현하기
√ 글자 수에 맞는 어휘 찾기(한 글자로 된 과일, 두 글자로 된 학용품 등)
√ 스무고개(상황에 따라 다섯고개, 열고개와 같이 변형 가능)
√ 내가 좋아하는 소리를 흉내 내는 말(의성어)로 표현하기
√ 첫 소리 바꿔 말하기(가가가에서 첫 소리를 'ㅇ[으]'로 바꾸기 → 아아아)
√ 상대방이 소리를 흉내 내는 말(의성어)을 하면 어떤 소리인지 맞히기
√ 끝말잇기
√ 제시한 단어가 들어간 문장 말하기(가위, 풍선 → 가위로 장식을 만들어 풍선에 붙였습니다.)
√ 제시된 글자로 시작하는 말, 끝나는 말 찾기('다'로 시작하는 말 → 다리미, 다리, 다람쥐)
√ 받침이 없는 낱말 찾기(받침이 없는 동물 이름 → 개, 소, 오리, 나비)
√ 움직임을 흉내 내는 말(의태어)을 몸으로 표현하기
√ 수수께끼

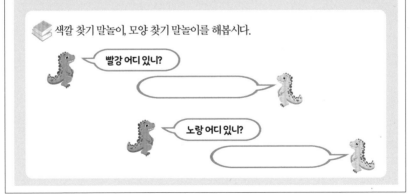

색깔 찾기 말놀이, 모양 찾기 말놀이를 해봅시다.

빨강 어디 있니?

노랑 어디 있니?

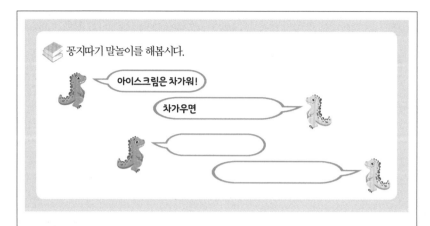

꽁지따기 말놀이를 해봅시다.

아이스크림은 차가워!

차가우면

◎ 한자 공부하기

학습을 위해 글을 읽다 보면 한자어를 많이 접하게 됩니다. 문제는 이것들을 다 외울 수는 없다는 것입니다. 그래서 한자의 뜻을 생각하며 어휘의 의미를 짐작하는 방법이 있다는 것을 알려줘야 합니다. 그리고 실제로 이런 방법을 적용하여 한자어의 의미를 짐작할 수 있게 해야 합니다.

기본적인 한자 공부는 필요합니다. 한자 자체를 정확하게 쓰지는 못하더라도 한자를 보고 어떤 뜻과 음을 가졌는지 알 수 있을 정도가 되면 됩니다. 한글로 나온 어휘를 봤을 때 '이런 한자가 쓰였겠구나!' 생각할 수 있도록 말이죠. '땅 지'를 아는 아이들은 지구, 지도, 토지와 같은 개념의 뜻을 정확히 알지 못하더라도 '땅의 의미를 가진 한자'가 사용된 어휘라는 것을 떠올려 땅과 연결 지어 그 의미를 짐작할 수 있습니다. 한자어가 나왔을 때 한자의 뜻을 알려주고, 이것을 어휘의 의미를 짐작하는 활동으로 이어지게 해보세요.

[한자의 의미를 생각하며 어휘 익히기의 예]

√ '녹을 용' 한자의 의미를 안다면
→ 용액: '녹다'와 '액체'를 합쳐 '무언가가 녹아 있는 액체'라고 의미를 추측할 수 있습니다.
→ 용질: '녹다'와 '물질'을 합쳐 '녹은 물질'이라고 의미를 추측할 수 있습니다.

√ '주인 주' 한자의 의미를 안다면
→ 주권: '주인'과 '권리'를 합쳐 '주인이 되는 권리', '중요한 일을 결정하는 권리'라고 의미를 추측할 수 있습니다.
→ 민주주의: '백성(현대에는 국민)'과 '주인'을 합쳐 '국민이 주인이 되는 것'이라고 의미를 추측할 수 있습니다.

◎ 어휘 관련 책 읽기

어휘와 관련된 책을 읽을 수 있도록 환경을 조성합니다. 재미있는 어휘 관련 책을 많이 읽게 해주세요. 교과서에 나오는 개념들을 모아서 아이들의 눈높이에 맞춰 설명하는 책, 마음을 표현하는 말을 모아둔 책 등 어휘를 주제로 쓴 책을 교실에서 함께 읽는 것도 좋습니다.

◎ 개념을 이해하는 방법 알려주기
학습을 위한 읽기를 할 때는 개념을 이해하는 것이 중요합니다. 이를 위해 포함 관계에 있는 어휘를 파악해야 함을 알려주세요. 개념이란 구체적인 사실들에서 공통되는 요소를 찾아 일반화한 생각을 말합니다. 개념을 제대로 이해하려면 하위에 있는 어휘(구체적 사실)를 모두 포함할 수 있는 상위에 있는 어휘(개념)를 찾는 연습을 해야 합니다. 놀이동산, 영화관, 병원이라는 구체적인 사실들에서 공통점(사람들을 돕거나 편하게 해주는 시설)을 찾아 '편의 시설'이라는 개념으로 묶으면 의미를 잘 이해할 수 있습니다.

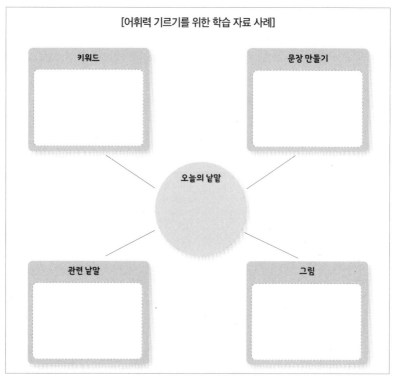

[어휘력 기르기를 위한 학습 자료 사례]

키워드

문장 만들기

오늘의 낱말

관련 낱말

그림

매일 어휘 하나를 선정해 익힐 수 있도록 만든 학습 자료입니다.
√ '키워드: 어휘의 의미를 설명할 때 꼭 들어가야 하는 말을 적습니다.
√ 관련 낱말: 어휘와 관련된 낱말(비슷한 말, 반대말, 포함 관계에 있는 말)을 적어 어휘를 확장합니다.
√ 그림: 어휘를 설명하는 데 도움이 되는 그림을 그리는 활동은 어휘의 의미를 스스로 시각적으로 볼 수 있게 해줍니다.
√ 문장 만들기: 어휘의 의미를 고려하여 적절한 상황에 활용할 수 있는지 확인할 수 있습니다.

어려운 어휘가 나왔을 때 건너뛰고 다음 문장을 읽어가는 것도 좋은 전략입니다. 어휘의 의미를 아는 것도 중요하지만, 그것보다 더 중요한 것은 하나의 글을 제대로 읽는 것입니다. 모르는 어휘에만 매달리면 정작 중요한 것을 놓칠 수 있겠죠. 글을 잘 읽으려면 어휘력을 길러야 하지만, 이것이 어휘에만 매달리는 일로 이어지지 않도록 균형을 잘 잡아야 합니다.

8) 연결하기

'도대체 글을 왜 읽어야 하나요? 재미도 없는데 말이죠!' 어쩔 수 없이 글을 읽는 아이들의 모습을 쉽게 볼 수 있습니다. 책을 다 읽으면 선물을 준다고 해서, 숙제라서 억지로 글을 읽는 경우도 있습니다. 이렇게 하면 글을 읽게 할 수는 있지만 읽기를 즐기는 사람으로 성장하게 도울 수는 없습니다. 어느 순간 읽기와는 먼 삶을 살아가기 시작하죠.

이런 일이 생기지 않으려면 읽기가 자신의 삶과 관계가 있음을 알아야 합니다. 연결하기는 글의 내용과 독자, 다른 글, 세상을 연결하는 것입니다. 연결하기를 사용하면 자신이 읽고 있는 글에 대해 더욱 깊이 있게 이해할 수 있을 뿐 아니라 읽기 과정 자체를 의미 있게 느끼게 됩니다.

(1) 글과 자신 연결하기

글의 내용과 자신의 경험이나 배경지식을 연결합니다. 과일과 관련된 글을 읽고 전에 과일을 먹었던 일을 떠올리는 것, 신석기 시대에 대한 글을 읽고 신석기 시대 유적을 보러 갔던 일을 떠올리는 것이 그 예입니다.

(2) 글과 다른 글 연결하기

읽고 있는 글과 전에 읽었던 글을 연결합니다. 읽고 있는 글과 같은 장르의 글, 같은 주제를 다루는 글, 같은 저자의 글 등을 연결할 수 있습니다. 로봇 변화 과정에 관해 자세히 설명하는 글을 읽고, 전에 읽은 로봇 발전에 관한 글을 떠올리는 것, 음식 만드는 방법을 알려주는 글을 읽고, 전에 읽은 음식 그림책을 떠올리는 것입니다.

(3) 글과 세계 연결하기

글과 현실에서 일어난 일, 현상을 연결합니다. 아이들은 TV, 영화, 신문, 뉴스 등 매체를 통해 세상에 대해 배웁니다. 이렇게 배운 것을 글의 내용과 연결할 수 있습니다. 지구 온난화에 대해 설명하는 글을 읽고 얼마 전 뉴스에서 봤던 세계 곳곳에서 나타나는 기상 이변 현상을 떠올리는 것, 지구 온난화로 인한 피해가 점점 심해질 것 같으므로 환경을 위해 할 수 있는 일을 찾아서 실천해야겠다고 생각하는 것이 그 예입니다.

같은 글을 읽더라도 연결하기의 깊이는 다르게 나타납니다. 경험과 배경지식이 많은 아이들은 더욱 깊이 있게 연결하기를 할 수 있습니다. 아이마다 연결하기의 깊이가 다르게 나타날 수 있음을 이해하되, 현재 수준보다 더 깊이 있는 연결하기를 할 수 있도록 도와야 합니다. 주인공이 일기를 쓰는 내용이 나오는 글을 읽고 다음과 같이 연결하기를 했다고 생각해 봅시다.

① 나도 주인공처럼 일기를 썼던 경험이 떠올랐다.

② 이야기 속 주인공은 일기를 쓰기 위해 어떤 일을 글로 쓸지 고민하다가 나중에 꼭 특별한 일이 아니더라도 일기를 쓸 수 있다고 깨닫는다. 나도 이런 경험이 있다. 일기를 쓰고 싶은데 쓸 내용이 없어서 고민했다. 근데 선생님께서 일기를 꼭 특별한 일로 쓰지 않아도 된다고 하셨다. 그래

서 집에서 동생과 놀았던 일로 일기를 썼는데 사소한 일이라고 생각했던 일로도 일기가 잘 써져서 신기했다.

만약 아이들이 ①의 수준에서 연결하기를 한다면 ②의 수준까지 나아갈 수 있도록 도와야 합니다. 이를 위해 교사가 시범을 보이는 것이 중요합니다. 교사가 먼저 글을 읽고 깊이 있게 연결하는 모습을 보여주세요. 깊이 있게 연결한 것과 아닌 것의 예시를 보여줘도 좋습니다. 깊이 있게 연결한다는 것이 무엇인지 이해할 수 있게 말이죠.

적절한 질문은 아이들이 연결하기를 어떻게 해야 할지 알려주는 길잡이가 됩니다. 글과 무엇을 연결하느냐에 따라 질문이 달라져야 합니다. 아래 질문을 참고하여 아이들이 연결하기를 잘할 수 있도록 해주세요. 너무 많은 질문은 아이들을 지치게 만들 수 있습니다. 아이들의 학년, 수준, 글의 종류와 내용을 고려하여 질문을 고르도록 합니다.

[연결하기를 돕는 질문]

◎ 글 - 자신 연결하기
√ 글에 나오는 일과 비슷한 일을 한 적이 있나요?
√ 글을 읽었을 때 어떤 기분이 들었나요?
√ 글에 나오는 인물의 삶과 내 삶이 비슷한가요? 어떤 점이 비슷한가요?
√ 글에 나오는 인물의 삶과 내 삶이 다른가요? 어떤 점이 다른가요?
√ 이 글이 내 삶과 어떤 관련이 있을까요?
√ 이 글을 읽고 어떻게 살아야겠다고 생각했나요?

◎ 읽고 있는 글 - 다른 글 연결하기
√ 이 글을 읽고 다른 글이 떠올랐나요?
√ 이 글과 비슷한 글을 읽은 적이 있나요? 어떤 점이 비슷한가요?
√ 이 글과 이전에 읽은 다른 글의 차이점은 무엇인가요?
√ 전에 이런 글을 읽은 적이 있나요?

◎ 글 - 세계 연결하기
√ 이 글을 읽고 현실 세계에서 일어나는 일이 떠올랐나요? 어떤 일인가요?
√ 이 글과 현실 세계의 비슷한 점은 무엇인가요?
√ 이 글과 현실 세계의 다른 점이 있나요? 어떤 점이 다른가요?
√ 이 글의 내용을 현실에 어떻게 적용할 수 있을까요?

 연결하기를 할 땐 적절한 글을 사용해야 합니다. 글과 세계를 연결하는 활동을 하고자 한다면 현실에서 이슈가 되고 있는 주제를 다루는 글을 사용해야겠죠. 글과 자신을 연결하는 활동의 경우 현재 아이들의 상황에 가까운 글을 사용하는 것이 좋습니다. 글과 다른 글을 연결하는 활동을 하기 위해 교과서에서 읽은 글과 관련된 다른 글을 찾아볼 수도 있습니다. 저학년의 경우 연결하기 활동이 어렵게 느껴질 수 있습니다. 그럴 땐 그림을 보고 연결하기를 하는 것부터 시작해보세요.

 최종적으로는 아이들 스스로 연결하기를 사용하며 글을 읽는 수준에 도달해야 합니다. 이를 위해 연결하기를 잘 사용했는지 스스로 평가하는 시간을 가져야 합니다. 연결하기를 잘했는지 평가할 수 있는 질문을 통해 아이들 스스로 자신의 읽기 과정을 성찰하게 해주세요.

[연결하기 자기평가 기준의 예]

◎ 연결하기를 하는 데 어려움이 없었나요? 만약에 어려웠다면 어떤 점이 어려웠나요?

◎ 깊이 있는 연결하기를 사용했나요?
√ 글에 나오는 인물의 경험과 자신의 경험을 깊이 있게 구체적으로 연결했나요?
√ 글에 나오는 내용을 읽고 이전에 읽은 다른 글의 내용을 구체적으로 떠올리고 두 내용의 관련성(비슷한 점, 차이점)을 찾았나요?
√ 글에 나오는 내용과 현실 세계를 비교했나요? 글을 통해 현실 세계에서 어떻게 해야 할지 생각한 것을 설명할 수 있나요?

◎ 다음에도 연결하기를 사용하여 글을 읽을 수 있을 것 같나요?

9) 문학 읽기와 비문학 읽기

문해력 수업에서 글은 크게 문학과 비문학 두 가지로 나눕니다. 문학과 비문학은 글이 가지는 특성이 다릅니다. 그렇기에 글을 읽는 목적도 다르며 글을 읽는 방법에도 차이가 생기죠. 문학과 비문학의 차이점을 알고, 읽기 방법을 알맞게 사용하면 글을 효과적으로 읽을 수 있습니다. 문학 읽기와 비문학 읽기를 비교하는 시간을 가져 보세요.

(1) 문학과 비문학 구분하기

① 문학과 비문학 연결하기

문학과 비문학 연결하기는 연결고리가 있는 문학과 비문학 두 글을 짝 짓는다는 것을 의미합니다. 예를 들어 『팥죽 할머니와 호랑이』 책을 읽고 호랑이에 대해 설명하는 비문학 글을 연결하여 읽는 것입니다. 교사가 이러한 예시를 제공한 뒤 아이들이 갖고 온 책으로 문학과 비문학을 연결하는 활동으로 이어갈 수 있습니다.

교과서 글에 나온 주제와 관련된 문학 혹은 비문학 글을 연결할 수도 있습니다. 교과서에 실린 장승이 등장하는 이야기 글을 읽은 뒤 장승이 무엇인지 설명하는 비문학 글을 연결하여 읽을 수 있겠죠. 이를 통해 문학과 비문학의 차이를 인식할 수 있고, 글의 내용도 잘 이해할 수 있습니다.

② 문학과 비문학의 특징 파악하기

문학과 비문학의 특징을 파악하고 비슷한 점과 다른 점을 찾는 활동입니다. 이런 활동을 할 때는 글을 꼼꼼히 읽지 않아도 됩니다. 대신 문학과 비문학 글의 구성과 그 안에 담긴 내용을 전체적으로 살펴보고 두 글의 비슷한 점과 다른 점을 찾는 것에 초점을 둡니다.

문학과 비문학 모두 글과 그림을 포함한다는 점에서 비슷합니다. 하지만 비문학의 경우 사진, 도표와 같이 문학에서 볼 수 없는 자료를 포함합니다. 문학에는 인물 간 대화, 인물의 생각이 들어가지만, 비문학은 설명하는 문장이 주를 이룹니다.

　문학과 비문학의 비슷한 점과 차이점을 찾은 뒤에 왜 이런 차이가 생기는지 이야기를 나누어 보세요. 아이들의 학년과 수준에 맞춰 이야기를 나누며 문학과 비문학의 특징을 파악할 수 있게 해주세요. 저학년은 다양한 글을 읽으며 글의 종류가 여러 가지가 있음을 경험하면 됩니다. 하지만 중학년부터는 문학과 비문학을 구분할 수 있어야 합니다. 문학과 비문학이라는 용어를 사용하지 않더라도 이야기, 시, 설명하는 글과 같이 구분할수 있게 해주세요.

③ 문학과 비문학 읽는 목적 이야기 나누기

　문학과 비문학을 균형 있게 읽는 아이들을 찾기는 쉽지 않습니다. 문학을 선호하는 아이들도 있고 비문학을 선호하는 아이들도 있습니다. 이러한 선호도의 차이는 둘 중 하나에 치중해서 읽게 합니다. 최근에는 편독이 나쁜 것만은 아니라는 이야기를 하기도 합니다. 하지만 학습 측면에서의 읽기, 특히 문해력 수업에서 읽기를 말할 땐 문학과 비문학을 모두 읽을 수 있어야 함을 강조합니다. 아이들이 학습하는 과정에서 문학과 비문학을 모두 접하게 되기 때문입니다.

　읽기의 목적을 아는 것을 통해 효과적인 읽기 방법을 배울 수 있습니다. 문학은 재미와 즐거움이라는 긍정적인 감정을 느끼기 위해, 글에 나오는 인물을 통해 어떻게 살아야 할지 배우기 위해 읽습니다. 비문학은 어떤 주제에 대해 더 잘 알기 위해 읽죠.

아이들과 함께 문학과 비문학을 읽는 목적에 대해 이야기를 나누어 보세요. 위에 제시한 문학과 비문학 연결하기 활동을 한 뒤 문학을 읽으니 좋았던 점, 비문학을 읽으니 좋았던 점, 문학 읽기와 비문학 읽기가 자신에게 도움을 준 점을 물어보세요.

특정 상황에서 읽어야 할 글의 종류는 무엇일지 생각하는 시간을 가질 수도 있습니다. 수업 시간에 배운 내용에 대해 더 알고 싶을 때, 다른 사람의 삶에 대해 알고 싶을 때, 여가 시간이 주어졌을 때 어떤 글의 종류를 읽어야 할지 생각해 보는 것입니다. 실제로 이런 상황에서 아이들이 어떤 종류의 책을 읽었는지 경험을 나누는 것도 좋습니다.

아이들에게 글을 읽어줄 때 읽기 목적과 글의 종류를 먼저 알려주세요. "선생님이 이번 시간에는 이야기 그림책을 가지고 왔어요. 즐겁게 들으면 되는 책이랍니다. 어떤 부분이 재미있는지 생각하면서 편하게 들어보세요.", "지난 시간에 공공기관에 대해 배우면서 지방자치라는 말이 나왔는데요. 지방자치라는 말이 어려웠죠? 지방자치에 대해 쉽게 설명한 글을 읽어줄 거예요. 지방자치가 어떤 의미인지 생각하면서 들어보세요"와 같이 글을 읽는 목적과 종류를 분명하게 밝히는 것입니다. 글의 종류에 따라 읽기 목적이 달라진다는 것을 자연스럽게 알 수 있게 말이죠.

④ 책 제목과 표지 보고 문학인지 비문학인지 짐작하기

책 제목과 표지를 보고 문학일지 비문학일지 짐작하는 활동은 아이들이 문학과 비문학의 차이점을 어느 정도로 인지하고 있는지 알 수 있게 해줍니다. 문학과 비문학은 제목과 표지에서 차이가 납니다. 아이들이 갖고 온 책의 제목과 표지를 함께 살펴보고, 문학일지 비문학일지 예상한 뒤 왜 그렇게 예상했는지 이야기를 나눕니다. 그리고 글의 일부를 읽어주며 책의 종류가 문학인지 비문학인지 확인합니다.

문해력 수업은 단순히 글을 잘 읽게 하는 수업이 아닙니다. 자신의 수준과 상황에 적절한 글을 고르는 것, 그 글을 제대로 읽는 것, 그리고 그 글을 제대로 활용하는 것까지 포함합니다. 책 제목, 표지, 그리고 훑어 읽기를 통해 문학인지 비문학인지 판단할 수 있는 아이들은 상황에 적절한 글을 고를 수 있습니다. 책 제목과 표지를 보고 문학일지 비문학일지 짐작하는 활동은 이런 측면에서도 의미가 있죠.

도서실 활용 수업을 할 때 교사가 제시한 글의 목적과 내용에 적절한 책을 골라서 읽는 활동을 할 수도 있습니다. 과학 시간에 '지층과 화석'에 대해 배웠다면 이를 이해하는 데 도움을 주는 책을 선택해서 읽도록 할 수 있겠죠. 아이들이 책을 읽는 동안 적절한 책을 선택했는지, 그 책을 선택한 까닭은 무엇인지 질문도 해보세요.

문학과 비문학을 구분하는 활동을 한 뒤 다음과 같은 비교표를 만들어 보세요. 아이들이 문학과 비문학을 구분하는 데 도움이 됩니다.

문학	비문학
·재미를 느끼기 위해 읽어요. ·시간의 흐름이나 사건이 일어난 순서를 생각하며 읽어요. ·지식이나 정보를 직접적으로 알려주지는 않아요. ·인물, 사건, 배경이 나와요.	·배우기 위해 읽어요. ·배우고 싶은 내용이 실린 부분을 골라 읽어도 돼요. ·지식이나 정보를 직접적으로 알려줘요. ·글과 함께 사진, 도표와 같은 자료가 나와서 정보를 더욱 잘 이해할 수 있게 도와줘요.

(2) 문학과 비문학 읽기

문학과 비문학 읽기 방법의 차이를 배울 수 있는 활동에 무엇이 있을까요? 문학과 비문학을 구분하는 활동과 읽기 방법의 차이를 느낄 수 있는 활동 연계하기, 문학 혹은 비문학 글을 여러 개 준비하여 각각에 적절한 읽기 방법으로 읽는 연습하기가 있습니다. 읽기 방법은 국어 교과에서 학년 수준에 따라 다루고 있기에 수업과 연계하여 지도하는 것이 효과적입니다. 현재 가르치고 있는 학년의 국어 교과에 나오는 읽기 방법을 확인한 뒤 이를 확장한 수업을 계획해 보세요. 문학 읽기와 비문학 읽기 방법에 차이가 있다는 것을 명확하게 보여주고 싶다면 다음과 같은 읽기 비교표를 만들어도 좋습니다.

문학 읽기	비문학 읽기
표지, 제목 보고 내용 예상하기 · 이야기의 흐름 생각하기 · 문학의 구성 요소를 중심으로 이해하며 읽기 (인물, 배경, 사건을 생각하며 깊이 있게 읽기) · 문학을 읽는 목적을 생각하기(인물의 삶을 통해 배울 점 찾기, 이야기 속 세계와 현실 세계를 비교하며 읽기, 비판하는 눈으로 읽기)	· 중요한 내용을 찾으며 읽기 · 주제를 설명하는 방법을 생각하며 읽기(비교와 대조, 열거, 문제-해결, 시간의 흐름, 예시 제공 등) · 예상하며 읽기(제목, 주제를 보고 어떤 정보가 담긴 글일지, 무엇을 배울 수 있는 글인지 생각하고 읽기) · 점검하며 읽기(글의 내용을 이해하면서 읽고 있는지 스스로 점검하며 읽기)

문학 혹은 비문학 글을 읽은 뒤 서로 다른 형식에 독서기록을 하는 것도 읽기 방법의 차이를 배우게 해줍니다. 문학의 경우 제목, 작가, 등장인물, 배경, 주인공에게 생긴 문제 등을 정리합니다. 비문학의 경우 제목, 작가, 주제, 이 글을 읽고 배운 점, 글쓴이에게 하고 싶은 질문, 글에 나온 내용과 관련하여 더 알고 싶은 점 등을 정리합니다.

문학 독서기록	비문학 독서기록
· 제목, 작가, 읽은 날짜 · 인물 중심 기록 - 숭요한 인물 찾아 표현하기 - 인물의 특징 표현하기 - 가장 좋아하는 인물과 이유 쓰기 - 인물 간의 관계 설명하기 - 인물을 통해 배운 점 쓰기	· 제목, 작가, 읽은 날짜 · 주제 - 무엇에 관한 글인지, 글쓴이가 글을 쓴 목적이 무엇인지 생각하기 · 배운 점 중심 기록 - 글을 읽고 배운 점을 자신이 이해한 말로 쓰기 - 더 알고 싶은 점 쓰기

· 배경 중심 기록 - 사건이 일어난 시대와 장소 쓰기 - 이야기가 펼쳐지는 배경이 바뀌면 어떻게 될지 상상하기 · 사건 중심 기록 - 주인공에게 생긴 문제 찾기 - 주인공이 문제를 해결한 과정 정리하기 - 사건을 시간의 흐름, 장소의 변화에 따라 정리하기 - 가장 흥미로웠던 사건과 이유 쓰기 - 주인공이 사건을 해결하는 과정을 보며 배운 점 쓰기	- 더 알고 싶은 점을 알아보기 위해 읽으면 좋을 것 같은 책 찾기 · 글쓴이에게 하고 싶은 질문 · 글을 읽으며 흥미로웠던 점 - 흥미와 중요함이 다름을 알려주기 - 중요한 내용이 흥미로울 수 있으나 흥미롭다고 생각한 내용이 글에서 중요한 내용이 아닐 수도 있다는 것을 인지하도록 하기

이와 같은 내용을 정리할 때 다음과 같은 독서기록 활동지를 활용할 수도 있습니다.

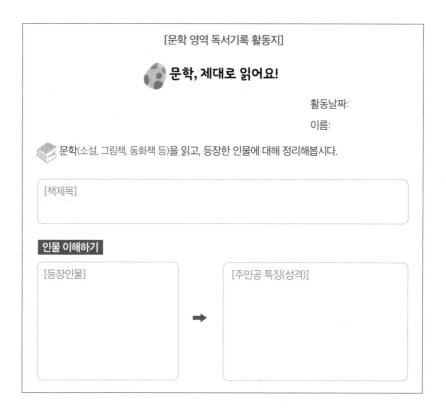

배경 이해하기

[사건이 일어나는 장소, 시간, 시대]

[생각해 봅시다]

¤ 인물이 다른 성격이었다면 갈등을 어떻게 해결했
을까요?

¤ 베경이 다른 곳이라면 어떤 일이 생겼을까요?

¤ 내가 주인공이었다면 어떻게 행동했을까요?

사건이 일어난 순서 이해하기

[처음]

[가운데]

[끝]

인물이 겪은 문제와 해결 과정 이해하기

[인물이 겪는 갈등(문제)]

[갈등(문제) 해결 방법]

[감상평(생각, 느낌)]

[나는 좋은 독자였나요?]

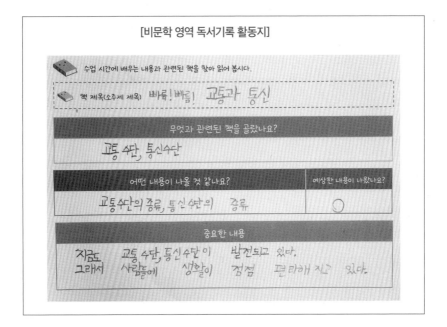

[비문학 영역 독서기록 활동지]

수업 시간에 배우는 내용과 관련된 책을 찾아 읽어 봅시다.

책 제목(소주제 제목) 빠름! 빠름! 교통과 통신

무엇과 관련된 책을 골랐나요?
교통 수단, 통신수단

어떤 내용이 나올 것 같나요?	예상한 내용이 나왔나요?
교통수단의 종류, 통신수단의 종류	○

중요한 내용
지금도 교통 수단, 통신수단이 발전되고 있다. 그래서 사람들에 생활이 점점 편리해지고 있다.

10) 종합하기

종합하기는 기존에 아이들이 갖고 있던 배경지식과 글을 읽고 새롭게 알게 된 내용을 연결하여 새로운 이해를 만들어내는 것입니다. 글에서 다루는 주제와 관련된 다양한 요소들을 가지고 하나의 더 큰 생각을 만들어낸다고 할 수 있습니다.

종합하기는 요약하기와 다릅니다. 요약하기를 통해 종합하기로 나아갈 수는 있으나 요약하기 자체가 종합하기가 되는 것은 아닙니다. 종합하기는 요약하기보다 더 고차원적인 활동입니다. 요약한 것에 자신의 의견, 해석, 배경지식을 더해 더 크고 새로운 생각을 만들어야 하기 때문입니다.

아이들에게 종합하기를 가르친다는 것은 매우 어려운 일입니다. 요약하기를 가르치는 것도 쉽지 않은데 이보다 더 고차원적인 종합하기를 가르친다는 것은 어렵겠죠. 하지만 아이들이 읽기 과정을 통해 성장하고 변화하기를 바란다면 종합하기까지 나아갈 수 있도록 도와야 합니다.

종합하기를 가르치려면 '읽기의 의미'를 알려줘야 합니다. 글을 읽는 과정을 통해 생각이 확장되거나 깊어지며, 생각의 변화가 일어날 수도 있음을 알려주세요. 아이들이 글을 읽는 과정에서 성장할 수 있음을 알도록 말이죠.

글을 읽는 과정에서 성장할 수 있다는 사실을 듣는 것에서만 그치면 안 됩니다. 실제로 글을 읽으며 생각이 확장되거나 깊어지는 경험, 생각이 변하는 경험을 할 수 있게 해야 합니다. 그리고 이 과정에서 생각을 기록하거나 이야기를 나눔으로써 성장하고 있음을 스스로 인지할 수 있게 해야 합니다. 글을 읽기 전에 알고 있던 지식과 글을 읽고 새롭게 알게 된 지식을 비교·대조하는 활동, 교사가 글을 읽으며 생각이 확장되었거나 변화되었던 경험을 들려주는 활동을 할 수 있습니다.

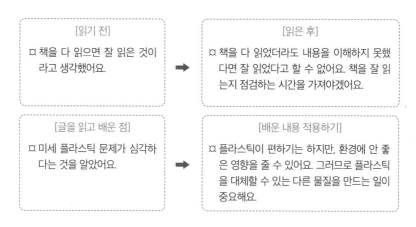

글의 종류를 고려한 종합하기를 해보세요. 문학의 경우 등장인물의 모습, 주인공이 겪은 일을 살펴보며 이전에 하지 못한 새로운 생각과 의견을 만들 수 있습니다. 이야기를 읽고 인물, 배경, 사건에 대해 생각하며 글을 읽기 전의 생각과 읽은 후의 생각을 비교해 보거나 이야기를 읽고 어떤 깨

달음을 얻었는지, 그것이 자신과 타인, 그리고 우리들의 삶에 어떤 영향을 줄지 이야기를 나눌 수도 있겠죠.

비문학의 경우 어떤 주제에 대한 다양한 글을 읽으며 그 주제를 이해할 수 있게 합니다. 특정 주제에 대해 배우는 시간에 다양한 글을 읽으며 정보를 얻고 이를 종합하여 새로운 생각을 만드는 경험하거나, 아이들 각자 특정 주제에 대한 글을 찾아 읽은 뒤 중요하다고 생각하는 정보를 나누는 활동을 해도 좋습니다. 아이들이 찾은 정보들을 종합하여 새로운 생각을 만들 수도 있겠죠.

아직 종합하기를 가르칠 시기가 아니라는 생각이 드나요? 종합하기를 하려면 글의 내용을 이해한 것을 바탕으로 생각이나 느낌을 나눌 수 있어야 합니다. 이런 점을 잘 가르치는 것이 종합하기를 잘할 수 있게 돕는 길입니다. 지금 당장 아이들에게 종합하기를 가르치지 않더라도 앞으로 종합하기를 할 수 있게 하겠다는 방향성을 가지고 읽기 학습을 바라봐야 합니다.

2. 쓰기 방법을 배우는 문해력 수업

아이들에게든 어른들에게든 글쓰기란 매우 힘든 일입니다. 글을 쓰려면 생각을 많이 해야 하기 때문입니다. 생각하는 일에서 끝나는 것이 아니라 생각한 내용을 한 편의 글로 완성하는 일까지 이어져야 하죠. 생각 자체도 쉽지 않은데 이것을 글로 표현하려니 더욱 어렵습니다.

이러다 보니 글쓰기 과제를 피하고 싶어 하는 아이들이 많습니다. 글쓰기 지도 자체가 쉽지 않은 상황이죠. 그렇다고 글쓰기를 가르치지 않을 수는 없습니다. 아이들의 글쓰기에 대한 부정적인 정서와 부담을 낮추면서 글쓰기를 가르치려면 어떻게 해야 할까요?

문해력 수업에서는 이 질문에 대한 답을 글쓰기의 기반을 차근차근 닦는 것에서 찾습니다. 한 편의 글을 완성하려면 그 전에 할 수 있는 것이 있어야 합니다. 논설문을 쓰려면 논설문을 쓰는 목적, 논설문의 구조, 논설문에서 주로 사용하는 문장의 형태를 알아야 합니다. 그리고 적절한 근거를 들어 의견을 말하거나 짧은 글로 표현하는 활동을 할 수 있어야 합니다. 이런 것들이 논설문 쓰기의 기반이 됩니다. 이처럼 아이들이 글쓰기를 하기 위해 닦아야 할 기반에 무엇이 있는지 알아봅시다.

1) 글을 제대로 읽기

글쓰기를 위해 가장 기초적으로 할 수 있어야 하는 일은 글 제대로 읽기입니다. 읽기는 쓰기에 영향을 미치고, 쓰기는 읽기에 영향을 미칩니다. 국어 교과에서 읽기와 쓰기를 다른 영역으로 설정하고 있지만, 언어가 가지는 특성상 읽기와 쓰기는 통합하여 학습이 일어납니다.

글을 잘 읽는 아이들은 글쓰기를 좀 더 쉽다고 생각합니다. 글을 읽으며 쌓은 배경지식을 가지고 글로 쓸 수 있기 때문입니다. 게다가 글을 읽으며 글의 종류와 구조를 자연스럽게 익힐 수 있으며, 다양한 어휘와 더 좋은 문장을 만날 수도 있습니다.

글쓰기 역시 읽기 능력을 기르는 데 도움이 됩니다. 글쓰기를 할 때는 글을 쓰는 목적에 따라 글의 종류를 선택해야 하며, 쓰고자 하는 내용을 표현하기에 적절한 어휘를 골라 글의 구조에 따라 정리할 수 있어야 합니다. 이 과정에서 글의 종류와 구조에 대한 이해가 높아지며, 어휘력과 문장력도 길러집니다. 그리고 이 모든 것이 읽기 능력의 신장으로 이어집니다.

문해력 수업에서 읽기와 쓰기 교육은 함께 이뤄져야 합니다. 보통 문해력이라고 하면 글을 읽는 일에 초점을 둡니다. 하지만 읽기와 쓰기가 서로 영향을 준다는 측면에서 본다면 이 둘을 모두 고려한 문해력 수업을 하는 것이 바람직합니다.

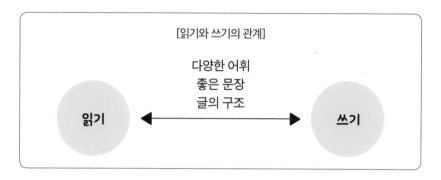

2) 생각한 것을 언어로 표현하기

어떤 주제에 대해 글을 쓰려면 먼저 그 주제에 대해 생각해야 합니다. 오늘 있었던 일에 대한 글을 쓴다면 오늘 있었던 일에 대해 생각을 해야 하죠. 글을 잘 쓰려면 생각하는 일에 익숙해져야 합니다.

그리고 생각을 언어로 표현할 수 있어야 합니다. 생각을 말로 표현하는 일에서 시작하여 단어, 구, 문장, 글 형태를 쓰는 것으로 이어지게 합니다. 생각을 언어로 표현할 때 가장 기초가 되는 것은 '말'입니다. 말과 글은 다르지만 생각을 표현한다는 측면에서 봤을 때 유사하죠.

글쓰기 지도에 들어가기에 앞서 생각을 말로 표현하는 경험을 많이 가지게 해주세요. 일기 쓰기 지도를 앞두고 있다면 「겪은 일과 그 일에 대한 생각이나 느낌에 대해 이야기 나누기」, 독서 감상문 쓰기 지도를 앞두고 있다면 「읽은 책의 내용과 그 책을 읽고 든 생각이나 느낌에 대해 이야기 나누기」와 같은 활동을 충분히 해야 합니다.

완벽한 글이 아니더라도 간단한 한 문단 글 혹은 개조식으로 생각을 정리하는 활동도 좋습니다. 간단히 쓴 내용에 서서히 살을 붙이는 과정을 통해 한 편의 글을 쓰는 것으로 이어갈 수 있기 때문입니다. 일종의 개요 쓰기 연습을 한다고도 볼 수 있습니다. 일기 쓰기로 들어가기 전에 자신이 한 일과 그 일에 대한 생각이나 느낌을 간단한 표에 정리하는 활동을 해 보세요. 아이들 스스로 이것을 쉽게 할 수 있게 되었을 때 일기 쓰기를 시작하면 좀 더 수월하게 할 수 있습니다.

3) '쓰기'에 대한 지식 알기

글쓰기를 잘하려면 '쓰기'에 대한 지식이 필요합니다. 생각을 표현하기에 적절한 어휘를 많이 알아야 하고, 이를 정확한 표기법으로 쓸 수 있어야 합니다. 자연스러운 문장으로 표현하는 방법도 알아야 하죠. 문단을 나눌 줄도 알아야 합니다.

어휘, 문장, 문단에 대한 이해는 읽기 능력을 기르는 과정에서 자연스럽게 높일 수 있습니다. 하지만 어느 정도는 지식 측면에서의 접근도 필요합니다. 자연스러운 배움과 함께 이론적인 배움이 이루어져야 하죠. 자연스럽게 배우는 일은 글을 읽기 시작한 순간부터 가능합니다. 굳이 문장이 무엇이다, 문단이 무엇이다 설명하지 않아도 글을 읽으며 문장과 문단을 경험합니다. 그렇기에 문장에 대한 이론적인 지식이 없더라도 자연스러운 문장과 그렇지 않은 문장을 찾을 수 있습니다.

그렇다면 이론적인 지식은 언제 가르치면 될까요? 국어 교육과정에 해당 내용이 나올 때 가르치면 됩니다. 저학년부터 문장 만들기를 시작하고 학년이 올라가며 주어, 목적어, 서술어 같은 문법적인 요소를 포함한 내용이 나옵니다. 문단은 중학년부터 배우기 시작하죠. 교육과정에 이런 것들이 나올 때 가르치되, 그 기반이 잘 닦일 수 있도록 수업 설계를 촘촘하게 잘해야 합니다.

맞춤법을 지도할 때는 학년뿐만 아니라 글쓰기에 대한 정서, 글쓰기 수업의 목표도 고려해야 합니다. 글쓰기와 친해져야 하는 저학년 시기 혹은 글쓰기를 좋아하지 않는 아이들을 대상으로 하는 수업에서 맞춤법을 강조하는 것은 좋지 않습니다. 독서 감상문 쓰기가 목표인 수업에서 내용 지도보다 맞춤법 지도의 비중이 높은 것도 적절하지 않죠. 그렇다고 아예 맞춤법 지도를 하지 말라는 말은 아닙니다. 글쓰기 수업에서는 상황에 알맞게 맞춤법 지도를 하되, 이와 별개로 틀리기 쉬운 맞춤법 퀴즈, 헷갈리기 쉬운 어휘 받아쓰기와 같이 맞춤법을 배우는 일에 목표를 둔 활동도 제공해 주세요.

4) 글쓰기 과정을 알고 적용하기

글을 잘 쓰려면 정해진 과정에 따라 글을 써야 합니다. 각각의 단계에 알맞은 전략을 사용하면서 말이죠. 수업 시간에 글쓰기 과정을 이론적으로 배우지 않더라도 과정에 따라 글을 쓰게 해주세요. 글을 쓸 땐 내용 생성, 내용 조직, 글쓰기, 고쳐 쓰기 단계를 따릅니다. 쉬운 수준의 글을 쓸 때부터 이런 과정을 경험하게 해주세요.

글쓰기 과정 각 단계에서 도움을 제공해 보세요. 내용 생성 단계에서는 글로 쓰고자 하는 내용에 대한 마인드맵 그리기, 주제와 관련하여 떠오른 생각을 간단한 낱말이나 문장으로 기록하기 활동을 하도록 알려줄 수 있습니다. 내용 조직 단계에서는 글의 구조와 설명 방법을 고려한 활동지를 제공하여 쓸 내용을 정리하게 합니다. 글쓰기 단계에서는 학년과 수준에 적절한 글쓰기를 할 수 있도록 하며, 쓰기 과정을 관찰하여 가르치고자 하는 내용과 관련된 피드백을 합니다. 마지막으로 고쳐 쓰기 단계에서는 학년에서 배우는 문법적인 내용과 연계하여 도움을 제공합니다. 이제 막 한글 쓰기와 간단한 글을 쓰는 수준에 있는 1학년 아이들이 고쳐 쓰기를 제대로 한다는 것은 힘든 일입니다. 이런 경우 자신이 쓴 글을 다시 읽고 고칠 부분이 있으면 고치자고 제안하되, 너무 문법적인 내용을 지적하지 않도록 합니다.

5) 스스로 점검하며 글쓰기

글을 읽을 때 내용을 이해하며 읽는지 스스로 점검하며 읽어야 하듯이 글을 쓸 때도 글을 목적에 맞게, 쓰고자 하는 내용을 잘 쓰고 있는지 점검하며 써야 합니다. 글쓰기 전체 과정에서 자신의 모습을 바라보며 더 좋은 글을 쓸 수 있게 하는 것입니다.

내용 생성 단계에서는 주제와 관련된 배경지식을 활성화합니다. 이때 배경지식이 쓰려고 하는 글과 관련이 있는지 점검합니다. 글을 쓰기에 배경지식이 부족하다고 느낀다면 참고할 글을 찾아 읽고 이것을 글쓰기에 어떻게 적용할지 생각합니다.

내용 조직 단계에서는 글의 구조에 따라 내용을 정리합니다. 구조에 따라 글 쓸 내용을 정리할 때는 더 쓸 내용은 없는지, 주제에 적절하게 내용을 정리하고 있는지 점검합니다.

글쓰기를 할 때는 쓰려는 내용을 문장으로 잘 표현하고 있는지, 알맞은 어휘를 사용하고 있는지, 맞춤법을 잘 지키면서 쓰고 있는지, 문단을 적절히 나누고 있는지 점검합니다. 내가 쓴 문장을 중간중간 읽으며 확인하면 됩니다.

고쳐 쓰기 단계에서는 다 쓴 글을 읽으며 전체적인 내용과 형식을 점검합니다. 글의 목적과 대상을 고려했을 때 고칠 부분은 없는지, 글을 전개하는 과정에서 오류는 없는지, 글의 형식적인 측면에서 보았을 때 문제는 없는지 살펴봅니다.

스스로 점검하며 글을 쓰는 일은 매우 어려운 일입니다. 그렇기에 수업 중 스스로 점검하는 시간을 가질 수 있도록 발문이나 활동을 제시해야 합니다. 글쓰기를 지도할 때 어려운 일 중 하나가 다 쓴 글을 고치게 하는 일입니다. 아이들 입장에서는 힘들게 글을 다 썼는데 고치라고 하니 하고 싶지 않겠죠. 다 쓴 글을 점검하여 고치도록 하기보다 글쓰기 과정에서 점검하여 그때그때 고칠 수 있게 해주세요.

6) 글의 종류에 따른 글쓰기 기반 닦기

초등 시기에는 일기, 독서 감상문, 설명문, 논설문, 시, 편지글 등 다양한 종류의 글을 씁니다. 이 중에서 집중하여 지도해야 할 것을 골라 볼까요? 바로 일기(저학년), 독서 감상문(중학년), 논설문(고학년)입니다.

일기는 자신이 직접 겪은 친숙한 경험을 글로 표현하는 것이기에 글쓰기의 첫 시작으로 적절합니다. 아이들의 쓰기 능력이 길러짐에 따라 더욱 수준 높고 깊이 있는 일기를 쓸 수 있게 되며, 자신의 삶을 성찰하는 능력도 길러집니다.

독서 감상문을 쓰면 책을 더욱 깊이 있게 읽을 수 있게 됩니다. 더불어 좋은 책을 다른 사람과 나누는 태도도 가질 수 있습니다. 독서 감상문을 쓰기에 알맞은 책을 찾는 과정에서 책을 고르는 안목도 기를 수 있습니다.

논설문 쓰기를 통해 의견을 글로 표현하는 방법, 생각을 다른 사람과 나누는 방법을 배울 수 있습니다. 나와는 다른 생각을 가진 사람을 설득하려면 논리적으로 글을 써야 합니다. 그리고 다른 사람들은 왜 그런 생각을 가지고 있는지 생각해야 하죠. 이 과정에서 논리적 사고력을 기를 수 있습니다.

일기, 독서 감상문, 논설문을 처음부터 잘 쓸 수 있을까요? 그렇지 않습니다. 글쓰기 수업을 시작하면 어떻게 써야 할지 몰라서 막막해하는 아이들을 많이 볼 수 있죠. 따라서 글을 쓰기 전에 그 기반에 잘 닦여 있는지 확인하고, 부족한 부분을 채워줘야 합니다.

(1) 일기 쓰기 기반 닦기

일기에는 자신이 겪은 일과 그 일에 생각이나 느낌을 써야 합니다. 하루 동안 한 일을 중 글로 남기고 싶은 일을 골라 자세히 쓰고, 그 일에 대한 깊이 있는 생각이나 느낌을 쓸 수 있어야 합니다. 이를 위해 자신이 한 일을 말로 표현하는 연습을 많이 해봐야 합니다. 생각이나 느낌을 표현하는 어휘와 자연스러운 문장도 알아야 합니다. 어렸을 때부터 일상에 관한 이야기를 많이 나누고, 책도 많이 읽어줘야겠죠.

(2) 독서 감상문 쓰기 기반 닦기

독서 감상문을 잘 쓰려면 책 읽고 중요한 내용을 찾아 요약하기, 생각이나 느낌을 깊이 있게 표현하기, 책을 통해 깨달은 점 쓰기를 할 수 있어야 합니다. 책을 읽고 중요한 내용 파악하기, 시간이나 장소의 흐름에 따라 내용 정리하기, 일이 일어난 원인과 결과 정리하기, 책 소개하기, 책을 읽고 생각이나 느낌 이야기 나누기와 같은 활동을 통해 기반을 닦아 줄 수 있습니다.

(3) 논설문 쓰기 기반 닦기

타당하고 믿을 수 있는 근거를 토대로 주제에 적절한 의견을 쓴 글이 논설문입니다. 논설문을 쓸 때는 근거가 타당하고 믿을 수 있는지, 주제에 적절한 의견인지, 다른 사람을 설득할 수 있는 논리적인 글인지 점검해야 합니다. 이를 위해 완벽한 한 편의 논설문을 쓰지 않더라도 의견과 근거를 많이 표현해 보는 것이 중요합니다. 어떤 문제에 대해 의견과 근거를 말해 본 아이들, 간단한 수준의 의견을 나타내는 글을 써 본 아이들은 논설문의 구조를 좀 더 수월하게 배울 수 있습니다.

논설문을 쓰려면 설명문도 잘 써야 합니다. 논설문은 의견을 펼치는 글이지만 이 안에는 의견을 뒷받침하기 위한 근거를 설명하는 요소가 있기 때문입니다. 논설문 쓰기는 고차원적이면서도 종합적인 사고력을 요구하기에 고학년이 되면 배웁니다. 하지만 고학년이 되었다고 논설문을 쉽게 쓸 수는 없습니다. 논설문 쓰기의 기반은 이전 학년부터 닦여 있어야 합니다.

[글의 유형에 따른 쓰기 기반을 갖추기 위해 지도할 것]

◎ **일기 쓰기**
√ 일상생활에서 겪은 일 이야기 나누기
√ 겪은 일에 대한 생각이나 느낌 이야기 나누기
√ 글씨 쓰기 기능 익히기: 바른 글씨 쓰기, 연필 바르게 잡기 등

◎ **독서 감상문 쓰기**
√ 자신의 수준에 적절한 책을 제대로 읽기
√ 다른 사람이 쓴 독서 감상문 읽기
√ 독서 감상문 쓰기에 적절한 책 고르기
√ 책 읽고 중요한 내용 파악하기
√ 책 읽고 생각이나 느낌 표현하기
√ 문학: 책 읽고 시간과 장소의 변화에 따라 일어난 일 정리하기, 줄거리 요약하기, 깨달은 점 표현하기
√ 비문학: 내용 요약하기, 책 읽고 배운 점 표현하기
√ 글쓰기 능력 기르기: 일기 쓰기와 같은 글쓰기 경험을 꾸준히 갖기

7) 글쓰기에 긍정적인 정서 갖기

아이들이 글쓰기를 어려워하는 원인은 다양합니다. 글을 쓰려면 생각을 많이 해야 합니다. 이것만으로도 힘든데 손과 팔이 아프게 글씨를 써야 합니다. 맞춤법과 띄어쓰기에도 신경 써야 하죠. 글쓰기에 대한 부정적인 정서는 글쓰기를 거부하는 행동으로 이어지기도 합니다.

글쓰기에 긍정적인 정서를 갖게 하려면 어떻게 해야 할까요? 우선 글쓰기에 대한 부담을 줄여줘야 합니다. 아이들이 어려워하는 지점에서 적절한 도움을 제공해 주세요. 무작정 주제를 주고 글을 쓰라고 하는 것은 글쓰기를 부담스럽게 생각하는 아이들에게 바람직하지 않습니다. 글쓰기를 어렵게 느끼는 아이들에게는 글을 쓰는 방법부터 가르쳐야 합니다. 글쓰기에 부담이 있는 아이들을 돕는 방법을 구체적으로 살펴보겠습니다.

[글쓰기에 부담을 가지고 있는 아이들을 돕는 방법]

◎ 글 쓸 내용을 생각하기 힘들어하는 경우
√ 글 쓸 주제가 아이들에게 친숙한 것인지 검토하기
√ "나는 이런 생각이 드는데 OO이는 어떤 생각이 드니?" 교사가 먼저 생각을 이야기하고 질문하기
√ 브레인스토밍, 마인드맵 등을 통해 정리하기

◎ 내용은 생각했는데 글로 어떻게 풀어써야 할지 힘들어하는 경우

√ 아이들의 생각을 문장으로 쓰는 시범 보이기
√ 빈칸이 있는 문장 제시하기(예: 저는 (   )라고 생각합니다.)
√ 생각을 문장으로 풀어 쓰는 연습하기
√ 좋은 문장을 따라 쓰는 연습하기

[생각 구름 만들기 활동]

뭉게뭉게 생각구름 만들기!

활동날짜:

이름:

◎ 둘 중 어떤 과일을 더 좋아하나요? 생각구름을 만들어 봅시다.

1. 저는 »»

사과를 딸기보다 더 좋아합니다.

딸기를 사과보다 더 좋아합니다.

2. 왜냐하면 »»

까닭 1

까닭 2

까닭 3

3. 그래서 저는 »»

(   )를 (   )보다 좋아합니다.

'생각 구름 만들기'는 아이들에게 친숙한 주제를 제시하고 둘 중 하나를 선택하여 그 까닭을 문장으로 쓰는 활동입니다. 어떤 주제에 대해 생각하여 글로 쓰는 일에 부담을 느끼는 아이들을 위한 활동입니다.

생각하기를 부담스러워하는 아이들은 너무 열린 주제를 접하면 어디서부터 어떻게 시작해야 할지 난감할 수 있습니다. 그래서 이처럼 선택지가 있는 주제를 제시하는 게 좋습니다.

◎ 글씨를 많이 쓰는 것에 부담을 느끼는 경우
√ 글로 써야 할 분량이 아이들의 쓰기 수준에 적절한지 검토하기
√ 손에 힘을 기를 수 있는 활동 꾸준히 하기

◎ 맞춤법과 띄어쓰기에 부담을 느끼는 경우
√ 맞춤법, 띄어쓰기를 잘할 수 있게 도와주겠다는 의사 전달하기
√ 맞춤법, 띄어쓰기를 틀렸을 때 어떻게 하면 좋을지 물어보고 협의하기

Ⅲ
문해력 수업
설계하기

아이들의 문해력 신장을 돕고 싶다면 문해력을 기르는 데 도움이 되는 수업을 설계할 수 있어야 합니다. 아이마다 처해 있는 상황, 문해력 수준에 차이가 있기에 의미 있는 문해력 수업이 되려면 재구성은 필수입니다. 문해력 수업이 아이들에게 의미 있게 다가갈 수 있도록 함께 준비해 볼까요?

1. 무엇을 가르쳐야 할까?

먼저 문해력 수업을 통해 가르칠 내용을 생각합니다. 글을 이해하며 읽는 능력, 비판적으로 읽는 능력, 글을 적절하게 쓰는 방법 등 말이죠. 하지만 이렇게만 생각하면 다소 두루뭉술한 느낌이 있습니다. 이것을 수업에 어떻게 적용해야 할지 감이 잘 잡히지 않기도 합니다. 그렇기에 이러한 큰 틀 속에서 가르치고자 하는 내용을 구체적으로 정해야 합니다.

1) 국어 교육과정에 나온 문해력 내용

문해력 수업에서 가르칠 내용을 정하기 위해 참고하기 좋은 자료가 있습니다. 바로 '국어 교육과정'입니다. 문해력의 의미와 특성을 고려했을 때, 가장 관련이 깊은 교과는 국어입니다. 국어 교육과정 내용을 살펴보면 문해력과 관련된 내용이 많이 있습니다. 이를 참고하여 가르칠 내용을 선택해 보세요.

[국어 교육과정을 통해 본 학년군별 문해력 내용(2015 개정 교육과정 기준)]

1-2학년군	읽기	• 글자, 낱말, 문장을 소리 내어 읽기 • 문장과 글을 알맞게 띄어 읽기 • 글을 읽고 주요 내용 확인하기 • 글을 읽고 인물의 처지와 마음 짐작하기 • 소리와 표기가 다를 수 있음을 알고 바르게 읽기 • 그림책, 시나 노래, 이야기를 감상할 때 인물의 모습, 행동, 마음 상상하기

1-2학년군	쓰기	• 글자 바르게 쓰기 • 자신의 생각을 문장으로 표현하기 • 주변의 사람이나 사물에 대한 짧은 글쓰기 • 인상 깊었던 일이나 겪은 일에 대한 생각이나 느낌 쓰기 • 한글 자모를 정확하게 쓰기 • 소리와 표기가 다를 수 있음을 알고 낱말을 바르게 쓰기 • 문장에 따라 알맞은 문장 부호 사용하기
3-4학년군	읽기	• 문단과 글의 중심 내용 파악하기 • 글의 유형을 고려하여 대강의 내용 간추리기 • 글에서 낱말의 의미나 생략된 내용 짐작하기 • 글을 읽고 사실과 의견 구별하기 • 읽기 경험과 느낌을 다른 사람과 나누기 • 낱말을 분류하고 국어사전에서 찾기 • 낱말과 낱말의 의미 관계를 파악하기 • 감각적 표현에 주목하며 문학 작품 감상하기 • 인물, 사건, 배경에 주목하며 문학 작품 이해하기 • 이야기의 흐름을 파악하여 이어질 내용을 상상하고 표현하기 • 문학 작품을 읽고 떠오른 느낌과 생각을 다양하게 표현하기
	쓰기	• 중심 문장과 뒷받침 문장을 갖추어 문단 쓰기 • 시간의 흐름에 따라 사건이나 행동이 드러나게 글쓰기 • 관심 있는 주제에 대해 자신의 의견이 드러나게 글쓰기 • 읽는 이를 고려하여 자신의 마음을 표현하는 글쓰기 • 기본적인 문장의 짜임을 이해하고 사용하기
5-6학년군	읽기	• 읽기는 배경지식을 활용하여 의미를 구성하는 과정임을 이해하며 글 읽기 • 글의 구조를 고려하여 글 전체의 내용 요약하기 • 글을 읽고 글쓴이가 말하고자 하는 주장이나 주제 파악하기 • 글을 읽고 내용의 타당성, 표현의 적절성 판단하기 • 자신의 읽기 습관을 점검하며 글 읽기 • 국어의 낱말 확장 방법을 탐구하고 어휘력을 높이는 데에 적용하기 • 낱말이 상황에 따라 다양하게 해석됨을 탐구하기 • 문학 작품 속 세계와 현실 세계를 비교하며 작품 감상하기 • 문학 작품에 대한 이해와 감상을 바탕으로 다른 사람과 소통하기 • 문학 작품에서 얻은 깨달음을 바탕으로 삶의 가치 내면화하기
	쓰기	• 쓰기 과정에 따라 글쓰기(내용 생성하기, 내용 조직하기, 초고 쓰기, 고쳐 쓰기) • 목적과 주제에 따라 내용을 생성하고 조직한 뒤 글쓰기 • 목적이나 대상에 따라 알맞은 형식과 자료를 사용하여 설명하는 글쓰기 　(시각 자료를 포함한 글, 구체적인 예를 든 글 등) • 적절한 근거와 알맞은 표현을 사용하여 주장하는 글쓰기 • 체험한 일에 대한 감상이 드러나는 글쓰기(기행문 등) • 독자를 존중하고 배려하며 글쓰기

국어 시간에 가르쳐야 할 내용의 분량은 정말 많습니다. 그래서 앞에 제시한 문해력과 관련된 내용을 일일이 차근차근 가르친다는 것은 현실적으로 어렵습니다. 위에 제시한 내용을 모두 가르치려고 하다 보면 교사도 아이들도 지치기 쉽습니다. 이도 저도 아닌 채로 끝나기 쉽죠.

이것들을 모두 가르치려고 하기보다 한두 가지를 골라 집중해서 가르치는 것이 효과적입니다. 이 말이 고른 내용 이외에 다른 내용을 지도하지 않는다는 의미는 아닙니다. 다른 내용에 비해 좀 더 집중하여 지속적으로 지도한다는 의미죠.

예를 들어 저학년 시기에는 글을 읽고 주요 내용 확인하기, 생각이나 느낌 나누기, 일기 쓰기에 집중해서 가르치기로 정할 수 있습니다. 어떤 글을 읽든 아이들은 중요한 내용이 무엇인지 파악할 수 있어야 합니다. 그래야 문단의 중심 내용 찾기, 이야기의 줄거리 요약하기와 같은 더 어려운 읽기 학습으로 이어갈 수 있습니다. 글을 읽고 생각이나 느낌을 나누는 일은 독서 감상문 쓰기, 논설문 쓰기와 같은 글쓰기 활동에 영향을 줍니다. 일기 쓰기를 통해 문장으로 표현하는 일에 익숙해질 수 있고 생각이나 느낌을 쓰는 연습도 할 수 있습니다. 그림일기의 경우 적은 문장으로도 한 편의 글을 완성할 수 있죠. 그렇기에 글쓰기의 첫 시작으로 적절합니다. 일기를 잘 쓰려면 오랜 기간 꾸준히 일기를 쓰며 쓰기 실력을 길러야 합니다. 그래서 지속성을 가지고 가르쳐야 합니다.

집중하여 꾸준히 가르치고자 하는 문해력 내용을 정할 때는 아이들의 수준, 상황, 요구, 교사의 기준과 경험을 고려해야 합니다. '지금 우리 반 아이들이 배워야 할 문해력 내용은 무엇인가?', '왜 이 내용을 배워야 하는가?'에 대한 답을 충분히 생각하여 선택하도록 합니다.

2) 글을 잘 읽고 쓰기 위한 문해력 내용

2장에 제시한 글을 읽고 쓰는 방법을 수업 시간에 자연스럽게 경험할 수 있도록 합니다. 어렸을 때부터 학년과 읽기 수준에 적절한 글을 제대로 이해하며 읽는 경험을 해야 이후 어려운 수준의 글을 잘 읽을 수 있습니다. 쓰기도 마찬가지겠죠.

문해력 수업에서는 글을 잘 읽고 쓰는 방법, 앞으로 해야 할 읽기와 쓰기 학습의 기반이 되는 내용을 다루어야 합니다. 이때 고려해야 할 것은 아이들의 학년, 수준, 읽기와 쓰기에 대한 흥미입니다. 이것들을 고려하지 않고 문해력 수업 내용을 선택한다면 너무 쉬운 수업, 너무 재미없는 수업, 무엇을 어떻게 해야 할지 알 수 없는 수업이 될 것입니다. 수업 시간에 글을 읽고 쓰는 장면에서 이런 내용을 자연스럽게 녹여내어 보세요.

[문해력 수업에 포함해야 하는 내용]

• 국어 교육과정 중 집중해서 꾸준히 가르쳐야 하는 내용
• 글을 읽고 쓰는 방법, 앞으로 해야 할 읽기와 쓰기 학습의 기반이 되는 내용(2장 참고)

---

2. 어떻게 가르쳐야 할까?

문해력 수업을 통해 가르칠 내용을 정했다면 이것을 어떻게 가르칠지 생각해야 합니다. 문해력 내용을 가르치는 방법에는 여러 가지가 있습니다. 이 중 가르치고자 하는 문해력 내용에 적절한 방법을 활용해 보세요. 여러 가지 방법을 동시에 적용해도 좋습니다.

1) 촘촘하게 나누기

가르치고자 하는 문해력 내용을 촘촘하게 나누어 지도하는 방법이 있

습니다. 예를 들어, 요약하기를 잘하려면 요약의 뜻과 요약하는 방법, 요약하기의 중요성을 알아야 합니다. 그리고 잘 요약한 글이 무엇인지 찾기, 문단에서 중요한 내용 찾기, 생각을 문장으로 표현하기와 같은 것들을 할 수 있어야 합니다. 이러한 요소들이 합쳐져 요약을 할 수 있게 만들어 줍니다. 요약하기를 할 수 있게 돕는 수업을 설계하고자 한다면 알아야 할 것, 할 수 있어야 하는 것을 촘촘하게 나누어 활동을 구상하는 것부터 시작해야 합니다.

[가르칠 내용 촘촘하게 나누기]

◎ 요약하기
√ 요약의 의미를 알고, 잘 요약한 글 찾기
√ 글의 종류에 따라 요약하는 방법 익히기
- 이야기: 시간의 흐름이나 원인과 결과에 따라 내용 정리하기
- 설명하는 글: 각각의 문단에서 중심 문장을 찾아 내용 정리하기
√ 요약하는 목적에 따라 적절한 방법을 선택해 요약하기
- 줄글 형태로 요약하기(정리한 내용을 자연스러운 글로 작성하기)
- 개요 형태로 요약하기(한눈에 알아보기 쉽게 그림이나 도표 활용하기)

◎ 독서 감상문 쓰기
√ 독서 감상문을 쓰는 까닭 알기
√ 독서 감상문에 들어가야 할 요소 파악하기
√ 잘 쓴 독서 감상문 읽고, 어떤 점을 잘 썼는지 알기
√ 독서 감상문을 쓰기에 적절한 책을 찾아 이유를 말하고 글로 쓰기
√ 선택한 책의 종류를 고려해 글의 내용을 요약하여 줄글 형태로 쓰기(줄거리 쓰기)
√ 책을 읽고 난 뒤 생각과 느낌을 말하고 줄글 형태로 쓰기
√ 독서 감상문에 들어갈 요소에 따라 쓸 내용을 정리한 뒤 독서 감상문 쓰기

2) 적절한 글 고르기

문해력 수업을 통해 가르치고자 하는 내용을 가장 잘 가르칠 수 있는 글을 골라서 제공합니다. 적절한 글을 고를 때는 아이들의 문해력 수준,

흥미 분야, 지금 수업 시간에 배우고 있는 주제 등을 고려합니다.

요약하기를 가르칠 때는 아이들이 요약하기에 알맞은 수준의 글을 제공해야 합니다. 적절한 수준의 글을 찾기 어렵다면 교과서에 나온 글부터 시작하되, 수업 중 아이들의 수행 과정을 보며 다음 수업에 활용할 글의 수준을 생각합니다.

3) 본보기 보이기

글을 읽고 쓰는 방법을 아이들에게 가르치려면 본보기를 충분히 보여야 합니다. 아이들과 함께 글을 읽을 때 질문하며 읽기, 점검하며 읽기와 같은 방법을 사용하는 것을 교사가 먼저 보여주는 것입니다.

수업 중 교과서를 읽을 때 글을 읽는 방법을 적용하는 본보기를 보여주세요. 글에 「사람들은 지역의 문제를 해결하기 위해 노력합니다」라는 문장이 나온다면 "사람들이 어떻게 노력할까요?"와 같은 질문을 하고, 다음 문장을 읽는 것입니다. 이런 식으로 글을 읽을 때 질문하면 내용을 더욱 잘 이해할 수 있음을 알려줍니다.

4) 반복하기

문해력을 기르려면 글을 읽고 쓰는 활동을 반복해야 합니다. 줄거리를 쓰는 방법을 가르친다고 생각해 봅시다. 한두 번 한 것으로 줄거리 쓰기를 완벽히 익힐 수는 없겠죠. 줄거리 쓰는 방법을 익히고 다른 사람의 도움을 받아 연습을 꾸준히 하다 보면 스스로 쓸 수 있는 수준에 도달할 수 있습니다. 다양한 글을 읽고 줄거리 쓰는 활동을 반복해서 할 수 있도록 수업을 설계해보세요. 운전도 반복하다 보면 익숙해지듯이 글을 읽고 쓰는 능력도 반복을 통해 익숙해질 수 있음을 기억해야 합니다.

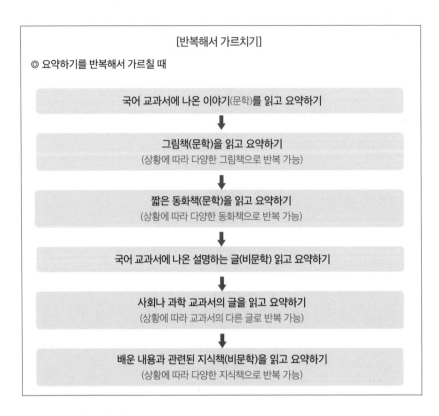

[반복해서 가르치기]

◎ 요약하기를 반복해서 가르칠 때

국어 교과서에 나온 이야기(문학)를 읽고 요약하기

그림책(문학)을 읽고 요약하기
(상황에 따라 다양한 그림책으로 반복 가능)

짧은 동화책(문학)을 읽고 요약하기
(상황에 따라 다양한 동화책으로 반복 가능)

국어 교과서에 나온 설명하는 글(비문학) 읽고 요약하기

사회나 과학 교과서의 글을 읽고 요약하기
(상황에 따라 교과서의 다른 글로 반복 가능)

배운 내용과 관련된 지식책(비문학)을 읽고 요약하기
(상황에 따라 다양한 지식책으로 반복 가능)

5) 단서 제공하기

문해력 수업을 하다 보면 글을 읽고 쓰는 과정에서 어려움을 표현하는 아이들을 많이 볼 수 있습니다. 이럴 때는 적절한 단서를 제공해야 합니다.

자신의 의견을 글로 쓰는 방법을 배울 때, 의견을 문장으로 풀어내기 어려워하는 아이들이 있습니다. 이럴 때는 「저는 (   )라고 생각합니다. 왜냐하면 (   ) 때문입니다」와 같은 빈칸으로 된 문장을 제시하여 자신의 의견을 글로 쓸 수 있게 돕습니다.

이야기를 읽고 요약하는 방법을 배울 때, 중요한 내용을 판단하는 데 어려움을 겪기도 합니다. 이럴 때는 이야기를 반복해서 읽어주고 주인공이 겪은 일에 대해 함께 이야기를 나누며 칠판에 간단히 기록합니다. 이렇게 하면 칠판에 기록한 내용을 단서로 요약할 수 있습니다.

단서를 제공할 때는 꼭 기억해야 할 것이 있습니다. 단서를 계속 제공하기만 해서는 안 된다는 것입니다. 단서 없이 읽고 쓸 수 있는 수준까지 도달하는 것을 목표로 수업을 해야 합니다. 그렇기에 어느 시점부터는 단서 없이 스스로 활동할 수 있게 해야 합니다.

6) 수업 중 자연스럽게 녹여내기

수업 중 읽고 쓰는 상황은 언제든지 만날 수 있습니다. 이럴 때 문해력 관련 내용을 한 번씩 언급해주세요. 사회 수업에서 인권에 대해 배울 때 「인권을 존중해야 한다」를 주제로 주장하는 글을 쓰는 활동이 나온다면, 문해력과 연계하여 지도해 보세요. 주장하는 글 쓰는 방법을 확인하고 이를 적용하여 글을 쓸 수 있게 안내하면 됩니다.

7) 다양한 주제, 여러 종류의 글 활용하기

글이 다루는 주제는 정말 많습니다. 사회, 과학, 음악, 미술 등 말이죠. 글의 종류도 다양합니다. 이야기, 시, 설명하는 글, 주장하는 글, 편지글, 서평, 안내문 등 말이죠. 이와 같은 다양한 주제, 여러 종류의 글을 문해력 수업을 설계할 때 잘 활용해 보세요.

아이들이 문해력 수업을 통해 배워야 하는 것은 글을 잘 읽고 쓰는 방법입니다. 다양한 주제의 글을 활용한 문해력 수업은 글을 읽고 쓰는 방법을 배우는 데에서 더 나아가 배경지식을 기르게 해줍니다. 확장된 배경지식은 지금보다 더 어려운 수준의 글을 잘 읽고 쓰게 해줄 수 있습니다. 또한 여러 종류의 글을 활용한 문해력 수업은 아이들이 자신의 삶을 살아가는 동안 마주하게 될 많은 글을 적절한 읽기 방법에 따라 잘 읽을 수 있게 도와줍니다.

8) 스스로 공부하는 힘으로 연결하기

공부할 때 읽기와 쓰기는 당연히 해야 하는 일입니다. 공부하기 위해 교과서에 나온 글을 비롯하여 참고서나 관련된 책을 읽습니다. 수학 문제를 해결하기 어려울 땐 답안지에 나온 풀이 방법을 읽기도 하죠. 사회 시간에 배우는 개념을 이해하기 위해 참고서나 지식책을 읽기도 합니다.

문해력 수업을 통해 스스로 공부하는 방법을 배울 수 있게 해주세요. 수업 중 배운 내용과 관련된 글을 읽고 더 알고 싶은 점을 생각하며 또 다른 글로 연결해서 읽기, 교과서에 나온 글을 읽고 중요한 내용을 중심으로 공책에 요약해서 정리하기와 같은 활동을 통해서 말이죠.

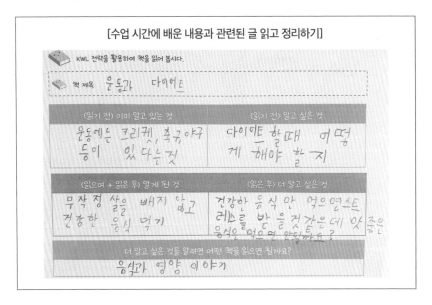

[수업 시간에 배운 내용과 관련된 글 읽고 정리하기]

9) 문해력 내용을 포함한 주제 중심 교과 통합 수업하기

수업 시간에 배워야 할 주제와 관련된 여러 교과를 통합하여 문해력 수업을 할 수도 있습니다. 한 교과에서 깊이 있게 다루는 주제도 있지만, 대부분은 여러 교과에서 통합되어 다루어집니다. 여기에 문해력과 관련된 내용을 더한다면 문해력 신장을 돕는 주제 중심 교과 통합 수업을 할 수 있습니다.

주제를 잡은 뒤 이것과 관련하여 아이들에게 읽어주기 좋은 글을 찾습니다. 그리고 여기에 다른 교과와 통합할 수 있는 활동을 구상합니다. 이렇게 하면 수업에 자연스럽게 문해력 내용을 녹여낼 수 있습니다.

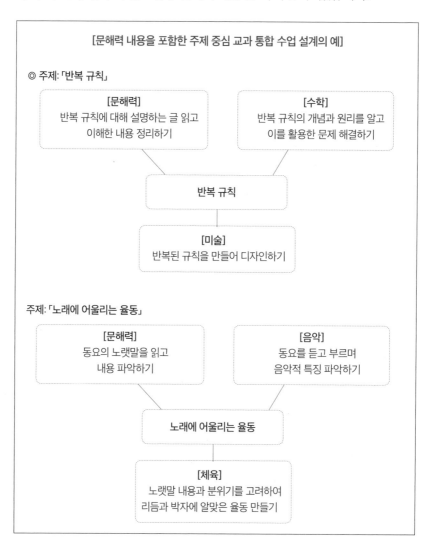

[문해력 내용을 포함한 주제 중심 교과 통합 수업 설계의 예]

◎ 주제: 「반복 규칙」

[문해력]
반복 규칙에 대해 설명하는 글 읽고
이해한 내용 정리하기

[수학]
반복 규칙의 개념과 원리를 알고
이를 활용한 문제 해결하기

반복 규칙

[미술]
반복된 규칙을 만들어 디자인하기

주제: 「노래에 어울리는 율동」

[문해력]
동요의 노랫말을 읽고
내용 파악하기

[음악]
동요를 듣고 부르며
음악적 특징 파악하기

노래에 어울리는 율동

[체육]
노랫말 내용과 분위기를 고려하여
리듬과 박자에 알맞은 율동 만들기

문해력 활동을 포함한 주제 중심 교과 통합 수업을 계획할 때 굳이 모든 교과의 활동을 억지로 넣을 필요는 없습니다. 다양한 영역과 교과에서 문해력을 활용하는 것, 이를 통해 문해력을 기르는 것에 목적이 있기 때문입니다. 모든 교과에서 활동을 계획하려고 하면 교사의 부담이 커지게 되며, 억지스러운 활동이 나올 수 있습니다. 이 경우 오히려 문해력 수업의 목적과 멀어지게 되며, 아이들에게 좋은 학습 결과를 이끌기 어렵습니다. 주제와 관련된 글을 읽거나 쓰는 경험을 통해 문해력을 기를 수 있게 도우며, 다양한 교과를 자연스럽게 통합하는 것이 중요합니다.

문해력 수업에서 최종적으로 지향해야 할 지점은 아이들이 누군가의 도움 없이 스스로 글을 읽고 쓸 수 있게 되는 것임을 늘 기억해야 합니다. 국어 시간에 교사의 도움 혹은 교과서에 나온 활동의 도움을 받아 글을 읽거나 썼다는 것이 아이 스스로 할 수 있다는 것을 의미하지 않습니다. 그래서 수업 시간에는 잘 읽고 쓰는 것처럼 보였던 아이들이 막상 평가 상황에선 기대한 것보다 읽고 쓰기를 잘 수행하지 못하는 경우를 종종 보곤 합니다. 도움을 받아서 하는 것에만 익숙해지면 생길 수 있는 일입니다. 아이들이 스스로 글을 읽고 쓸 수 있는 수준에 도달하기 위해 어떻게 가르쳐야 할지 충분히 생각하고 고민해야 합니다.

3. 어떻게 평가해야 할까?

문해력 수업에서는 무엇에 초점을 두느냐에 따라 평가 방법이 달라져야 합니다. 국어 교과에 나오는 문해력 내용을 이해하는 일이 중요한 수업이라면 문해력 내용의 이해 여부를 평가해야겠죠. 수업 중 배우는 주제와 관련된 글을 읽고 문해력 수업을 했다면 내용을 이해하며 글을 읽었는지 평가해야 합니다. 문해력 수업에서는 수업과 평가가 하나가 되는 것을 강조합니다.

1) 국어 교육과정에 나온 문해력 내용 평가하기

국어 교육과정에 나오는 문해력 내용을 평가할 때는 우선 최종 평가를 언제, 어떻게 할지 계획합니다. 구체적인 루브릭을 만드는 것도 좋습니다. 그리고 아이들에게 최종 평가에 대해 안내하며, 평가를 잘 수행하기 위해 알아야 할 것과 할 수 있어야 하는 것을 수업 시간을 통해 배울 것임을 알려줍니다. 이후 수업을 전개하며 아이들이 이러한 것들을 잘 배우고 있는지 관찰을 통해 평가하고 피드백합니다.

문해력 수업을 하는 중, 배움에 어려움이 있는 아이들이 있다면 왜 그런지 분석하여 도움을 제공합니다. 이는 최종 평가에서 더 나은 수행을 할 수 있게 돕기 위함입니다. 수업 중 평가와 피드백을 하지 않고 최종 평가만 하는 것은 아이들이 잘하는지 못하는지 확인만 하겠다는 것을 의미합니다. 이러한 평가는 문해력 신장에는 도움이 되지 않습니다. 따라서 단원의 수업을 전개하는 과정에서 꾸준히 평가와 피드백을 해야 합니다. 아이들의 문해력을 현재 수준보다 더욱 높이는 일에 집중하면서 말이죠.

[국어 교과에 나오는 문해력 내용 평가하기의 예
- 체험한 일에 대해 감상이 드러나는 글쓰기 평가하기]

◎ 배우는 내용: 체험한 일과 그 일에 대한 감상을 글로 쓰는 방법(5학년 국어)
√ 최종 평가 안내하기
체험한 일에 대해 감상이 드러나는 글을 쓰는 최종 평가 과제가 있음을 단원 수업에 들어가기 전에 안내합니다. 그리고 평가 과제를 잘 수행하기 위해 수업을 통해 배울 내용과 평가 시기를

알려줍니다. 체험하는 일에 대해 감상이 드러나는 글을 쓰면 좋은 점을 함께 이야기를 나누며, 의미 있는 글쓰기 수업 시간이 되도록 돕습니다.

※ 「여행 작가가 되어 잡지에 기고할 글쓰기」와 같이 가상 역할을 부여한 평가 과제를 제시해 보세요. 아이들이 좀 더 흥미롭게 수업에 참여할 수 있습니다.

√ 글 쓰는 방법 안내하기(루브릭, 잘 쓴 글 읽어주기 등)
체험하는 일에 대한 감상이 드러나는 글을 잘 쓴다는 것이 어떤 것인지 알려줍니다. 이를 위해 평가 루브릭 제시하기, 잘 쓴 글 읽어주기를 할 수 있습니다. 단원에 들어가기 전에 평가 루브릭을 본 아이들은 어떤 점에 초점을 두고 글을 써야 하는지 파악할 수 있습니다. 잘 쓴 글의 예시를 읽어주고, 어떤 이유로 잘 썼다고 생각하는지 루브릭을 근거로 이야기를 나누면 글을 쓰는 방법, 글쓰기의 방향성을 더욱 잘 알 수 있습니다.

[평가 루브릭 예시]

	참 잘했어요	잘했어요	노력할게요
글의 내용	· 체험한 일과 그 일에 대한 감상을 모두 구체적으로 실감나게 썼습니다.	· 체험한 일을 구체적으로 썼으나 감상을 단순하게 표현했습니다. · 체험한 일은 간단하게 썼으나 감상을 자세히 썼습니다.	· 체험한 일과 감상을 구체적으로 쓰는 데 어려움이 있었습니다.
내용 조직	· 처음 - 가운데 - 끝의 구조에 알맞게 썼습니다. · 문단을 나누었습니다.	· 문단을 나누었으나 글의 구조에 알맞은 내용으로 쓰는 데 어려움이 있었습니다.	· 문단을 나누어 글을 쓰는 데 어려움이 있었습니다.
표현 방법	· 글을 읽는 사람이 알아보기 쉬운 글씨로 이해할 수 있게 썼습니다.	· 글을 읽는 사람이 이해하기 어려운 내용이 다소 포함되어 있었습니다.	· 글을 읽는 사람이 내용을 이해하기 어려웠습니다.
글쓰기 태도	· 글쓰기의 과정(내용 생성 - 내용 조직 - 글쓰기 - 고쳐쓰기) 중 모든 단계에 적극적으로 참여했습니다.	· 글쓰기의 과정 중 일부 단계에 적극적으로 참여했습니다.	· 글쓰기의 과정 모든 단계에 적극적으로 참여하는 데 아직 어려움이 있었습니다.

√ 글 쓰는 활동을 꾸준히 하기(글쓰기와 피드백의 반복)
체험하는 글 쓰는 방법을 익혀 연습하는 시간을 충분히 가집니다. 주말에 체험한 일, 학교에서 했던 체험학습, 가장 기억에 남는 체험 등 다양한 주제를 제시하여 체험한 일을 글로 쓰는 활동을 반복적으로 합니다. 반복해서 글을 쓰는 과정이 더욱 의미 있으려면 좋은 피드백을 제공해야 합니다. 글쓰기 활동 전체 과정에서 피드백을 제공해 주세요.

2) 읽기, 쓰기 활동을 할 때 문해력 평가하기

일상적인 학습 장면에서 글을 제대로 읽고 쓰는지 평가합니다. 아이들이 글을 더 잘 읽고 쓸 수 있게 돕기 위한 측면에서 말이죠. 글을 읽고 쓰는 경험을 하는데 평가가 없다면 그 수준을 높여 주기 어렵습니다.

이 경우에는 공식적인 평가 상황까지 갈 필요는 없습니다. 수업 중에 읽고 쓰는 활동을 관찰하는 것, 관찰한 내용을 토대로 피드백을 제공하는 것만으로도 충분합니다. 만약 공식적인 평가 상황까지 마련한다면 교사에게도 아이들에게도 부담이 될 것입니다. 공식적인 평가를 위한 시간에 차라리 또 다른 읽고 쓰기 활동을 하는 것이 낫습니다.

사회 시간에 옛 사람들의 생활 도구에 대해 배울 때, 이와 관련된 글을 읽어주고 문해력 수업을 할 수 있습니다. 이땐 사회 교과와의 연계를 고려해야 하므로 옛 사람들의 생활 도구를 아는 것에 초점을 둬야 합니다. 읽기 방법을 효과적으로 적용하여 내용을 이해하며 읽었는지 관찰하고 피드백을 합니다.

수업 중 읽기, 쓰기 활동이 많이 이루어지기에 매번 관찰과 피드백을 하기란 어렵습니다. 수업 중 피드백이 필요하지만 이를 위한 충분한 시간이 나오지 않는다면 교사가 글을 읽고 쓰는 모습을 본보기로 보이며 전체적으로 안내하면 됩니다.

3) 피드백 적절히 사용하기

피드백은 다양한 방법으로 할 수 있습니다. 피드백의 종류와 특징을 고려하여 문해력 수업에서 적절히 사용해 보세요.

(1) 전체 피드백

전체 피드백은 많은 아이들이 어려워하는 내용 혹은 중요한 내용을 설명할 때 사용합니다. 전체 피드백을 위한 방법에는 구두 피드백과 시범 보이기가 있습니다.

전체 아이들을 대상으로 하는 구두 피드백은 간단하다는 장점이 있습니다. 하지만 교사가 같은 내용의 피드백을 말로 전달했더라도 아이마다 그 말을 이해하는 데 차이가 난다는 단점도 있죠. 따라서 아이들이 대체로 알고 있는 내용이지만 강조해야 하는 내용일 때 사용하는 것이 좋습니다.

중요한 내용의 경우 전체 아이들을 대상으로 시범을 보이는 것이 적절합니다. 글을 잘 읽고 쓰기 위해 꼭 알아야 하지만 많은 아이들이 어렵게 생각하는 부분이 있다면 교사가 직접 시범을 보이며 피드백해주세요.

(2) 개별 피드백

문해력은 개인차가 크기에 개별 피드백을 잘 활용해야 합니다. 아이들이 전체적으로 어려워하는 내용의 경우 전체 피드백을 활용해도 되지만, 일부 아이들이 어려워하는 내용은 개별적으로 피드백하는 것이 적절합니다. 문해력 수업에서 개별 피드백을 위해 사용할 수 있는 방법에는 구두 피드백과 답글 달기가 있습니다.

개별 구두 피드백은 수업 중 즉각적으로 제공할 수 있고 개별 아이의 학습 과정에 초점을 맞춰 사용할 수 있다는 장점이 있습니다. 문해력 수업 중에 과제를 해결하는 데 어려움을 보이는 아이에게 신속하면서도 조용한 개별 구두 피드백을 제공해 보세요.

구두 피드백을 할 때는 어휘를 신중하게 선택해서 사용해야 합니다. 말은 한 번 하면 다시 담을 수가 없기 때문입니다. 전체 구두 피드백을 할 때는 교실에 많은 아이들이 한 아이에 대해 부정적인 인식을 가지는 상황이 생기지 않도록 주의해야 합니다. 개별 구두 피드백을 할 때는 이런 면을 덜 고려해도 되지만, 아이가 교사의 피드백을 벌이라고 생각하지 않도록 주의해야 합니다. 특히 수업 시간이 아닌 시간에 사용한다면 말이죠. 아이가 문해력 수업 중 과제를 잘 해내지 못해서 혼나고 있다는 생각이 들지 않도록 합니다.

전체 구두 피드백과 개별 구두 피드백엔 차이가 있으므로 상황에 따라 적절한 방법을 선택해서 사용합니다. 전체 구두 피드백은 개별 구두 피드백에 비해 간편합니다. 교사의 한 번의 말이 아이들에게 동시에 전해지니까요. 대신 모든 아이들이 그 말을 제대로 들었다고는 확신할 수 없습니다. 개별 구두 피드백은 교사가 한 말이 한 아이에게만 전달되기에 전체 구두 피드백에 비해 간편하지는 않습니다. 대신 한 아이의 수행에 대해 구체적으로 알려줄 수 있으며, 그 아이가 피드백을 제대로 들었는지 확인하기가 수월합니다. 같은 구두 피드백이어도 이렇게 차이가 있습니다. 문해력 수업에서 아이들이 보이는 모습을 관찰하여 효과적인 피드백을 제공해 주세요.

답글 작성하기는 아이들이 수행한 과제에 대해 글로써 피드백을 제공하는 것입니다. 글을 읽고 작성한 활동지, 글쓰기 과제를 수행한 활동지를 보고 내용을 잘 이해했는지 점검한 뒤 답글을 써서 피드백합니다. 답글을 작성할 때 주의할 점을 알아볼까요?

첫째, 아이들이 교사가 쓴 답글 내용을 이해할 수 있어야 합니다. 교사가 답글을 열심히 쓰더라도 아이들이 그 내용을 이해하지 못한다면 효과적인 피드백을 했다고 할 수 없습니다. 아이들의 읽기 수준을 고려하여 적절한 수준의 언어로 답글을 작성해야 합니다.

둘째, 아이들이 과제를 더 잘 수행할 수 있도록 답글을 작성해야 합니다. 답글을 구체적으로 작성해보세요. 문단 쓰기 과제에 대한 피드백으로는 '잘 썼어요'보다 '문단의 중심 문장이 잘 드러나게 썼어요!', '중심 문장에 어울리는 뒷받침 문장을 썼어요!' 같은 구체적인 답글이 의미 있습니다.

문해력 수업을 통해 아이들이 배우기를 원하는 내용이 무엇인지 인지하면 좋은 답글을 작성할 수 있습니다. 아이들이 문해력 수업을 통해 「이야기를 읽고 시간의 흐름에 따라 정리하여 간추리기」를 배우길 원한다면 이를 중심으로 답글을 작성하면 됩니다. 아이들이 배우기를 원하는 내용 이외의 내용까지 답글로 작성하려고 하면 써야 할 내용이 많아서 지치기 쉽습니다. 그리고 아이들도 긴 답글을 읽다가 정작 자신이 배워야 할 내용과 관련된 중요한 피드백을 놓칠 수 있습니다.

셋째, 아이들이 문해력 수업에 부정적인 정서를 가지지 않도록 해야 합니다. 이를 위해 아이들의 현재 문해력 수준을 파악하는 것이 중요합니다. 아이의 수준보다 너무 높은 수준의 것을 요구하는 답글을 작성하면 아이들이 문해력 수업을 벅차다고 생각하여 부정적인 정서를 가지게 될 수 있습니다.

4. 더 나은 문해력 수업을 하려면 어떻게 해야 할까?

문해력 수업을 한 뒤에는 더 좋은 문해력 수업을 하기 위해 어떻게 해야 할지 성찰하는 시간을 가져야 합니다. 다음과 같은 질문에 답을 하며 더 좋은 문해력 수업으로 나아가게 해보세요.

'이번 수업을 통해 아이들이 배워야 할 것을 잘 배웠는가?'

'수업 중 아이들이 어려움을 보였다면 원인은 무엇인가? 이 부분을 어떻게 도와줄 수 있을까?'

'다음에는 어떤 종류, 어떤 주제, 어떤 수준의 글을 선정할 것인가? 이유는 무엇인가?'

'문해력 수업 중 교사로서 어려움이 있었다면 무엇인가? 이것을 어떻게 극복할 수 있을까?'

5. 문해력 수업 설계 관련 Q&A

Q. 문해력 수업과 온책읽기 수업은 어떤 점이 다른가요?

문해력 수업과 온책읽기 수업은 책(글)을 이용한 수업이라는 점에서는 비슷하지만, 수업의 목적과 방법에서 차이가 납니다. 이 차이를 생각하며 수업을 설계해야 아이들의 문해력을 기르는 데 효과적인 수업을 할 수 있습니다.

온책읽기는 책 전체를 다 읽는다는 점, 문해력 수업에서는 읽기 방법을 배우기에 적절한 글을 읽는다는 점에서 차이가 있습니다. 그렇기에 필요에 따라 책의 일부만 읽기도 합니다. 또한 읽기 자료를 '책'에만 한정 짓지 않습니다. 아이들이 살아가면서 접할 읽기 자료는 다양하기 때문입니다. 문해력 수업에서는 책을 비롯한 신문 기사, 보고서, 잡지에 실린 글, 온라인에 올라온 글 등 더욱 확장된 읽기 자료를 사용합니다.

Q. 문해력 수업을 할 때 글을 읽어줘야 하나요? 글을 읽어줘야 한다면 어떻게 읽어줘야 하나요?

아이마다 읽기 속도와 능력에 차이가 있기에 전체 학생을 대상으로 하는 문해력 수업에서는 글을 읽어주는 것을 권장합니다. 글을 읽어주면 읽기에 어려움을 느끼는 아이들도 글의 내용을 어느 정도 이해하는 모습을 볼 수 있습니다. 문해력 수업이 지향하는 것은 글을 제대로 읽는 경험을 하는 것입니다. 개별적으로 글을 읽으라고 한다면 글을 제대로 읽지 않는 아이들이 있겠죠?

글을 읽어주는 또 다른 이유가 있습니다. 아이들에게 글을 어떻게 읽어야 하는지 본보기를 보여주기 위함입니다. 교사가 글을 읽는 과정을 그대로 보여주려면 글을 읽어줘야 합니다. 대신 글을 곧이곧대로 읽기만 해서는 안 됩니다. 질문하기, 점검하며 읽기, 추론하기와 같은 방법을 사용하며 읽어줘야 글을 어떻게 읽어야 하는지 배울 수 있습니다.

아이들에게 읽어주고자 하는 글이 있다면 어떻게 읽어주는 것이 좋을지 미리 생각해야 합니다. 어느 지점에서 어떤 읽기 방법을 적용할지, 글을 하루에 다 읽어줄지 여러 번 나누어서 읽어줄지 생각해야 합니다. 글을 읽어준다고 하면 짧은 글을 선택해야 한다고 생각하기 쉽습니다. 하지만 긴 글을 여러 번에 나누어 읽어줘도 됩니다. 온책읽기 수업과 문해력 수업을 연계하는 방법도 있겠습니다.

Q. 문해력 수업을 하고 싶은데 글을 고르는 것, 읽기 방법에 따라 글을 읽어주는 것이 쉽지 않을 것 같습니다. 처음 시작하려는 교사가 하기 쉬운 방법이 있을까요?

「교과서 제대로 읽기」를 추천합니다. 수업 시간에 읽기 방법에 초점을 두고 교과서를 읽는 시간을 가져보세요. 제목을 보고 어떤 내용이 나올지 예상하기, 글을 읽고 중요한 내용 찾기, 모르는 어휘가 나왔을 때 뜻 짐작하기, 글과 함께 제시된 시각 자료(그림, 사진 등)를 읽고 내용 이해하기 등 많은 읽기 방법을 적용하여 읽을 수 있습니다. 이러한 활동을 한 뒤에 배운 내용을 글로 쓰는 공책 정리 시간을 가져보세요. 이렇게 하면 읽기 활동에서 쓰기 활동까지 이어갈 수 있습니다. 「교과서 제대로 읽기」에 관한 자세한 내용은 부록을 참고하세요.

IV

문해력 수업에
날개 달기

1. 문해력 수업, 가정과 연계하기

아이들의 문해력을 효과적으로 길러주려면 가정과의 연계가 잘 이루어져야 합니다. 글을 읽고 쓰는 상황은 학교와 가정에서 모두 이루어지기 때문입니다. 가정에서 문해력 수업에 함께 해준다면 아이들이 글을 효과적으로 읽고 쓰는 경험을 많이 가질 수 있겠죠.

문해력 수업에서 배운 읽고 쓰기 방법을 가정에서도 활용할 수 있게 해주세요. 최근 문해력에 관심을 가지는 가정이 늘어났습니다. 문해력 교육을 하고 싶으나 어떻게 해야 할지 몰라서 어려움을 겪는 경우도 많이 봅니다. 자녀의 문해력 신장을 위해 할 수 있는 일을 안내하면 가정에 도움을 줄 수 있습니다.

1) 문해력의 중요성 안내하기

먼저 가정에서 문해력의 중요성에 대해 공감할 수 있게 해주세요. 문해력이 아이들의 배움과 삶에 영향을 준다는 사실을 가정에서도 알아야 합니다. 문해력이 단순히 입시만을 위해 필요한 것이 아니며 아이들이 자신의 삶을 잘 살아가기 위해 필요하다는 것을 안내해 주세요.

2) 읽고 쓰는 방법을 배울 때 가정의 협조 구하기

읽고 쓰기를 교실에서만 하면 한계가 있기 마련입니다. 아이들의 개별적 흥미를 고려한 읽기를 진행하기 어렵기도 하고, 글을 많이 쓰는 경험을 하기엔 시간적 한계가 있기도 합니다. 그래서 교실에서는 주로 아이들 전체를 대상으로 문해력 수업을 합니다. 주어진 글을 함께 읽으며 읽기 방법을 가르치거나, 같은 주제에 대해 글쓰기를 하는 활동을 통해서 말이죠. 하지만 가정에서는 아이들이 읽고 싶은 책을 선택할 수 있습니다. 글쓰기도 좀 더 자유로운 분위기에서 할 수 있고요. 이때 가정에서 문해력 수업에서 배운 내용을 적용하면 효과적인 배움이 일어날 수 있습니다.

하지만 매번 문해력 수업을 할 때마다 가정의 협조를 구하는 것은 쉽지 않습니다. 문해력과 관련된 모든 내용에 대해 가정에 협조를 구하는 것은 교사에게도 가정에도 부담스러운 일입니다. 그래서 문해력 수업을 설계할 때 집중해서 가르치기로 한 내용을 중심으로 가정의 협조를 구해야 합니다. 문단 읽기, 독서 감상문 쓰기를 집중해서 가르치기로 했다면 이것을 가정에서도 아이들이 연습할 수 있게 협조를 구하는 것입니다. 문단 읽기, 독서 감상문 쓰기를 교실과 가정에서 함께 한다면 아이들의 문해력 신장에 큰 도움이 되겠죠.

가정의 협조를 구할 땐 해당 내용을 배우는 목적과 가정에서 도울 수 있는 구체적인 방법을 안내해야 합니다. 교실에서 이런 내용을 배우고 있으니 가정에서도 협조해달라는 정도로만 안내하면 실천으로 이어지기 어렵습니다. 아이들이 왜 이런 활동을 해야 하는지, 교실에서는 어떻게 이것을 배우고 있는지, 가정에서는 이와 연계하여 어떤 방법으로 아이들을 도울 수 있는지 자세히 안내해야 합니다.

설명하는 글(비문학)을 읽는 방법에 대해 배울 때 가정의 협조를 구하면 좋습니다. 먼저 설명하는 글을 읽는 일이 중요한 이유를 알려주세요. 설명하는 글(비문학)은 아이들이 공부와 배움을 위해 읽어야 하는 글이기에 가정에서 협조해야 함을 말이죠. 그리고 교실에서 배경지식을 활용하여 글 읽기, 글 읽고 새롭게 안 지식 정리하기와 같은 방법을 배우고 있음을 안내합니다. 가정에서도 아이들이 설명하는 글을 잘 읽을 수 있게 해달라고 협조를 구하되,「자녀가 흥미롭게 느끼는 주제에 관해 알려주는 책 골라 읽기」, 「책을 읽기 전에 주제에 대해 알고 있는 지식이 무엇인지 물어보기」, 「책을 읽고 새롭게 알게 된 내용이 무엇인지 이야기 나누기」, 「배우기 위해 책을 읽은 점을 격려하기」와 같이 가정에서 협조할 수 있는 구체적인 방법을 제시합니다.

가정과 연계한 문해력 수업의 효과를 높이려면 가정에서 한 읽기, 쓰기 활동이 교실에서 이어지게 해야 합니다. 이것이 안되면 문해력 수업을 통해 배운 내용을 가정에서 적용하는 일에 소홀해질 수 있습니다. 가정에서 실천한 문해력 활동에 대해 교실에서 말할 기회를 주세요. 비문학 책을 제대로 읽는 과제를 제시하고 가정의 협조를 구했나요? 그렇다면 교실에서는 어떤 책을 읽었는지, 그 책을 왜 읽었는지, 그 책을 읽은 뒤 어떤 내용을 알게 되었는지 함께 나누는 시간을 가져보세요. 가정에서 하는 문해력 활동의 의미가 커질 것입니다.

2. 그래픽 오거나이저 활용하기

글의 구조를 파악하며 글을 읽으면 글 내용을 잘 이해할 수 있습니다. 글을 쓸 때도 구조를 고려하면 생각을 더욱 효과적으로 전달할 수 있습니다. 하지만 구조에 따라 글을 읽고 쓰기란 쉬운 일이 아닙니다. 글에서 말하고자 하는 내용을 파악하면서 읽는 것만으로도 힘든데, 구조까지 고려하라고 하니 어려운 것이 당연합니다.

이때 사용하기 좋은 수업 자료가 바로 그래픽 오거나이저입니다. 그래픽 오거나이저는 개념, 생각, 정보, 관계 등을 시각적으로 정리할 수 있게 만든 학습 도구로 구조를 고려한 읽고 쓰기를 가능하게 해줍니다.

문해력 수업에서 중심이 되는 내용이 무엇이냐에 따라 그래픽 오거나이저의 형태가 달라야 합니다. 그래픽 오거나이저의 효과를 높이려면 수업 중 다루는 글의 종류, 구조, 글을 전개하는 방식, 수업을 통해 아이들이 배워야 할 내용을 고려하여 적절한 그래픽 오거나이저를 제공해야 합니다.

　글을 전개하는 방식에 대해서 초등 시기에 이론적으로 다루어지지는 않습니다. 그렇다고 아예 나오지 않는 것은 아닙니다. 직접적으로 글의 전개 방식에 대해 배우지 않을 뿐이며, 이야기를 읽고 시간의 흐름에 따라 내용 정리하기, 설명하는 글을 읽고 비교와 대조 방법에 따라 요약하기와 같은 활동은 있습니다. 따라서 학년에서 배워야 할 내용 이상으로 너무 깊이 있게 다루지는 않되, 글의 내용을 그래픽 오거나이저에 정리하는 정도로 해 봅니다.

[문해력 수업에서 사용할 수 있는 그래픽 오거나이저의 예]

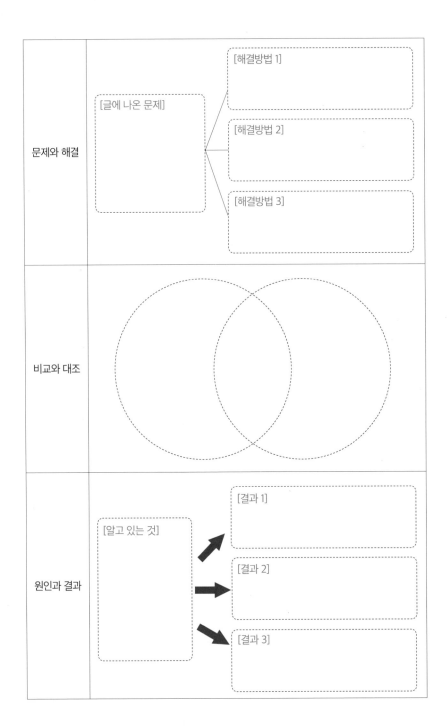

K-W-L	[알고 있는 것] [알고 싶은 것] [배운 것]
이야기 맵	[등장인물] [배경(시간, 장소)] [문제] [해결]
비문학 읽기 맵	[주제] [중심생각] [세부내용] [세부내용] [세부내용]

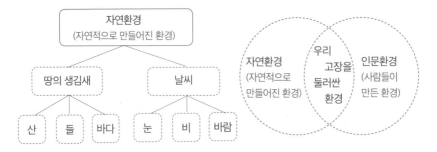

[자연환경과 인문 환경에 대한 글 읽고 그래픽 오거나이저에 작성하기]

3. 문해력 교실 만들기

부담 없이 할 수 있는 문해력 활동을 매일 루틴이나 주간 루틴으로 제시하여 문해력 교실로 만들어 볼까요? 문해력을 기르는 학급 운영을 할 수 있고, 글을 읽고 쓰며 인성 및 생활 지도를 할 수도 있습니다.

문해력 교실을 만들기 위해 할 수 있는 활동을 소개합니다. 이 중 우리 반에서 하기 좋은 활동을 선택해서 적용해 보세요. 그리고 더 나아가 우리 반에 적절한 문해력 활동을 직접 만들어 보세요.

1) 아침에 책 읽고 간단한 활동하기

아침 독서는 이미 많은 교실에서 있습니다. 여기에 문해력을 효과적으로 기를 수 있는 간단한 활동을 추가해 볼까요? 글자만 읽는 책 읽기 시간이 되지 않도록 말이죠.

책 읽기에 추가할 수 있는 간단한 활동에는 생각이나 느낌을 한 문장으로 쓰고 이야기 나누기, 아침 시간에 읽은 부분에 대해 한 문장으로 소개하기가 있습니다. 책 읽기에 표현하기 활동이 더하는 것입니다. 표현하기 활동은 아이들이 부담이 가지 않는 선에서 정합니다. 부담이 가는 활동이 더해지면 책 읽기 자체도 힘들어질 수 있으니까요. 이야기를 나누며 친구들을 통해 책 읽는 방법, 책 읽고 생각이나 느낌을 표현하는 방법을 배울 수 있습니다. 책을 읽고 자신의 언어로 표현하기 어려워하는 아이들은 친구들이 어떻게 표현하는지 잘 듣고 배울 수 있도록 안내해 주세요.

2) 시를 함께 소리 내어 읽고 간단한 활동하기

아이들이 함께 시를 소리 내어 읽을 수 있는 시간을 마련해보세요. 일주일에 한 번, 한 달에 한 번 등 주기적으로 시를 준비하여 알려주고, 이것을 함께 소리 내어 읽습니다.

첫날, 교사가 칠판에 쓴 시를 공책에 따라 씁니다. 그리고 시인이 왜 이런 시를 썼을지 생각하고 이야기 나누는 시간을 가집니다. 교사가 시를 준비할 때 목적이 있었다면 "왜 선생님이 이 시를 칠판에 적었을까요?"와 같은 질문을 해도 좋습니다.

이후 공책에 쓴 시를 보며 함께 소리 내어 읽습니다. 함께 소리 내어 읽기는 읽기에 어려움이 있는 아이들에게 도움이 되는 활동입니다. 읽기에 어려움이 있는 아이들은 친구들에게 읽는 모습을 보여주는 일에 부담을 느낄 수 있습니다. 함께 소리 내어 읽는 활동은 이런 부담을 줄여줄 수 있습니다. 친구들의 소리를 들으며 읽기 능력을 기를 수도 있죠. 게다가 시는 짧고 운율이 있어서 소리 내어 읽기를 하기 좋습니다.

시를 읽은 뒤 간단한 활동을 이어서 해보세요. 시각화하기, 연결하기, 추론하기와 같은 읽기 방법을 적용하게 해봅니다. 시를 읽고 떠오른 장면을 그림으로 표현하기, 시를 읽고 머릿속에 떠오른 장면 이야기 나누기, 시의 내용과 관련된 경험 떠올리기, 시인이 시를 쓰는 상황에서 느꼈을 것 같은 감정과 그렇게 생각한 까닭 말하기와 같은 활동을 할 수 있습니다.

3) 배운 내용을 공책에 정리하기

공책 정리를 하려면 그 시간에 배운 내용 중 중요한 내용을 찾아 요약할 수 있어야 합니다. 문해력과 관련이 있는 활동이죠. 공책 정리는 목적이 있는 쓰기 활동이기도 합니다. 공책 정리를 하는 목적에는 자신이 배운 내용을 이해했는지 확인하기, 복습할 때 도움받기가 있습니다. 이것을 생각하며 공책 정리를 가르쳐야 합니다.

공책 정리를 통해 배운 내용을 정말 이해하고 있는지 확인할 수 있습니다. 교과서를 읽거나 교사의 설명을 들을 때는 다 아는 것처럼 느끼지만, 막상 배운 내용을 정리해보자고 하면 잘 안 되는 아이들이 있습니다. 이런 경우 배운 내용을 제대로 이해했다고 보기 어렵습니다. 따라서 아이들에게 공책 정리를 통해 배운 내용을 잘 이해했는지 확인해야 함을 짚어줘야 합니다.

또한 복습할 때 공책을 활용할 수 있어야 합니다. 공책을 쓰고 다시 펼쳐 볼 수 있는 시간을 주세요. 공책을 집에 갖고 가서 읽게 하거나 수업 중 공책에 썼던 내용을 확인하게 해봅니다. 더불어 효과적으로 복습하려면 자신이 알아보기 쉽게 공책을 작성해야 한다는 점, 글 이외에도 그림, 도표 등 시각 자료를 적절히 활용해야 한다는 점을 알려줍니다.

4) 일견 단어(sight word) 만들기

글을 잘 읽으려면 일견 단어(한 번에 그 의미를 인지할 수 있는 단어)가 많아야 합니다. 일견 단어를 만들기는 시간과 노력을 많이 요구하지 않으면서도 문해력 신장에는 큰 도움이 되는 활동입니다.

어찌 보면 수업 시간 동안 일견 단어를 만드는 일은 자연스럽게 이루어지는 듯 보입니다. 교과서 지문에 나온 모르는 단어의 뜻을 파악하기도 하고, 개념의 의미를 알아보는 시간을 가지기도 하니까요. 하지만 교사가 단어의 의미를 설명하면 아이들이 바로 그 뜻을 이해할까요? 그렇지 않습니다. 교사가 말한 단어의 뜻을 즉각적으로 이해하지 못하는 경우도 많이 있습니다. 이런 점을 고려하여 일견 단어 만들기 활동을 해야 합니다.

수업을 준비하며 일견 단어로 만들 목표 단어를 선정합니다. 그리고 아이들에게 친숙한 말로 목표 단어를 설명합니다. 구체적인 예시 들거나 익숙한 소재 혹은 상황을 제시하여 설명해 봅니다. 이어서 목표 단어가 일견 단어가 되었는지 확인합니다. 이를 위해 목표 단어를 넣어 한 문장을 만들거나 목표 단어의 뜻을 자신이 이해한 말로 공책에 쓰게 할 수 있습니다.

[일견 단어 만들기를 위한 개념 노트 쓰기]

사회, 과학 시간에 배우는 개념을 일견 단어로 만들면 효과적이고 효율적인 학습을 할 수 있습니다. 고체 개념이 일견 단어가 되면 「고체에서의 열의 이동」이라는 말을 읽고 그 의미를 쉽게 이해할 수 있습니다. 하지만 이 말을 보고 고체의 뜻이 바로 떠오르지 않으면 다시 그 내용을 찾아봐야 하기에 불편해집니다. 따라서 중요한 개념을 일견 단어로 만들 수 있게 도와야 하며, 이를 위해 개념 노트 쓰기를 할 수 있습니다.

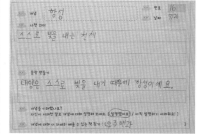 

---

5) 글을 통해 배우는 경험 제공하기

수업을 준비할 때 글을 읽고 배우는 경험을 할 수 있는 활동을 하나 이상 넣어 보세요. 수업 시간에 배우는 주제나 내용을 확인한 뒤 이와 관련된 글을 찾습니다. 그리고 글을 읽어주는 과정에서 어떤 질문을 할지, 어떤 내용으로 이야기를 나눌지 생각합니다. 이렇게 하면 아이들과 관련성이 있는 글을 읽어줄 수 있습니다. 그리고 글을 읽는 방법을 가르칠 수 있습니다.

만약 내일 과학 시간에 동물의 한살이에 대해 배운다면 이와 관련된 글을 준비하여 읽어주세요. 개에 대해 설명하는 글을 읽어줄 수도 있고, 동물의 한살이가 나오는 이야기 글을 읽어줄 수도 있겠죠. 글을 선택했다면 어떻게 읽어줄지 생각합니다. 글을 읽는 과정에서 할 질문과 활동을 계획하는 것입니다. 개에 대해 설명하는 글을 읽어준다면 개의 한살이는 어떠할지 예상하는 질문, 글을 읽고 난 뒤 알게 된 내용을 정리하는 활동 등을 할 수 있습니다.

이런 활동을 할 때 주의할 점이 있습니다. 첫째, 글을 읽어주는 시간이 아이들의 문해력 신장에 유의미해야 한다는 것입니다. 글 읽어주기 과정에서 하는 질문이나 활동이 문해력과 어떻게 관련되는지 생각해 보세요. 둘째, 질문이나 활동이 교사에게도 아이들에게도 부담 없을 정도여야 합니다. 교사에게 글 읽어주기 활동을 준비하는 일이 부담된다면 금방 지쳐서 하기 힘들어질 것입니다. 글을 읽어주는 시간에 하는 활동이 아이들에게 부담된다면 읽기에 대한 부담으로 이어져 역효과가 날 테고요. 이런 일이 생기지 않도록 짧으면서도 아이들 수준에 맞는 글을 준비해 주세요. 그리고 질문이나 활동의 수는 적게, 대신 핵심적인 내용이 담기게 해주세요.

6) 읽기 목적을 생각하며 글 읽어주기

글을 읽는 목적에는 재미 느끼기, 정보나 깨달음 얻기 등이 있습니다. 목적에 따라 글을 읽는 방법은 달라져야 합니다. 재미를 느끼기 위해 글을 읽는다면 깊이 있는 생각까지 할 필요는 없습니다. 가볍게 읽어도 괜찮은 것입니다. 정보를 얻기 위해 글을 읽는다면 필요한 정보를 찾고 상황에 따라 기록도 하며 읽어야 합니다. 깨달음을 얻기 위해 글을 읽는다면 글에 나오는 내용에 대해 깊이 있게 생각하고 나의 삶에 적용하며 읽어야겠죠.

아이들에게 글을 읽어줄 때 목적에 따라 적절한 읽기 방법을 활용해 보세요. 그리고 읽기 목적을 달성하는 데 도움이 되는 활동도 준비해 보세요. 읽기의 목적이 재미라면 중간에 글을 끊기보다 끝까지 읽어준 뒤 재미있었는지, 어떤 점이 재미있었는지 이야기 나누는 활동을 해봅니다. 정보를 얻는 것이 읽기 목적이라면 글을 읽는 중 자신에게 필요하다고 생각하는 정보를 적게 해봅니다. 깨달음을 얻기 위해 글을 읽는다면 주인공이 겪은 문제와 이를 해결하는 과정에 대해 정리한 뒤 이를 통해 깨달은 점을 말하거나 글로 쓰는 활동을 할 수 있습니다.

이런 활동을 할 때는 아이들에게 글을 읽어주는 목적을 안내해야 합니다. 그래야 읽기 목적을 생각하며 글을 읽어야 한다는 사실을 배울 수 있습니다. 계속 똑같은 읽기 목적을 가지고 글을 읽어주기보다는 읽기 목적을 바꿔가며 읽어주세요. 글을 읽는 목적이 다양하며 목적을 달성하기에 적절한 방법으로 글을 읽어야 함을 알 수 있게 말이죠.

7) 신문 기사 읽어주기

주기적으로 신문 기사를 읽어주고 기사 내용에 대해 생각하는 활동을 합니다. 수업 중에 배우고 있는 내용과 관련된 기사, 지금 이 시대가 어떻게 발전하고 있는지 알려주는 기사, 아이들이 알아야 할 사회 문제에 대해 다루고 있는 기사 등을 읽어주고 깊이 있는 생각으로 이어갈 수 있는 활동을 해봅니다.

수업 중에 배우고 있는 내용과 관련된 기사를 읽어주고 기사의 내용과 수업 중에 배운 내용을 연결하는 활동을 해보세요. 공중전화에 대한 기사와 수업 시간에 배운 통신 수단의 변화에 대한 내용을 연결하면 더 실감나게 그 내용을 이해할 수 있습니다.

지금 이 시대가 어떻게 발전하고 있는지 알려주는 기사를 읽을 때는 발전 과정을 시간의 흐름에 따라 그래픽 오거나이저에 정리하게 합니다. 그리고 앞으로는 어떻게 발전할 것 같은지, 발전 과정에서 생길 수 있는 문제는 없을지, 문제가 생긴다면 어떻게 해결할 수 있을지 생각하고 이야기 나누어봅니다.

사회 문제에 대해 다루고 있는 기사를 읽을 때는 원인과 결과의 그래픽 오거나이저에 정리하며 왜 이와 같은 사회 문제가 생겼는지 생각하는 시간을 가져 봅니다. 문제를 해결하기 위해 해야 할 일을 알리는 글쓰기 활동을 할 수도 있습니다.

8) 중점적인 글쓰기 과제 제시하기

문해력 수업을 설계하며 교실에서 1년 동안 중점적으로 지도하고자 하는 글쓰기 활동을 정했나요? 그렇다면 이러한 글쓰기가 꾸준히 잘 이루어질 수 있도록 주기적으로 과제를 제시해 보세요.

처음부터 한 편의 완벽한 글을 쓰도록 할 수도 있지만, 전체적으로 그렇게 하기 어려워하는 분위기라면 다른 방법으로 과제를 제시합니다. 한 편의 완벽한 글을 쓰기 위해 할 수 있어야 하는 것들을 촘촘하게 쪼개어 이것들을 하나씩 해나갈 수 있도록 과제를 제시하는 것입니다. 교실에서 중점적으로 할 글쓰기 활동으로 논설문 쓰기를 정했다면 문제 상황을 설명하는 글쓰기, 의견과 근거가 잘 드러나게 한 문단 쓰기, 타당한 근거를 들어 주장하는 글쓰기, 서론-본론-결론 구조에 따라 논설문 쓰기와 같이 과제를 촘촘하게 나누어 제시할 수 있습니다.

9) 동요를 부르며 노랫말 의미 파악하기

동요는 좋은 노랫말과 듣기 편한 멜로디로 이루어져 있습니다. 노랫말을 이해하는 과정에서 문해력을 기를 수 있고, 노래를 듣고 부르며 따뜻한 정서를 함양할 수도 있습니다.

동요의 노랫말을 소리 내어 반복해서 읽고, 작사가가 왜 이런 노랫말을 만들었을지 생각하는 시간을 가져 보세요. 노랫말을 읽으며 떠오른 장면을 그림으로 표현하는 활동은 시각화하기를 연습하는 기회가 되죠. 노랫말 따라 쓰기를 하며 쓰기 기능을 익힐 수도 있고, 노랫말 바꾸기를 통해 글쓰기의 즐거움을 느낄 수도 있습니다.

동요에서 다루는 주제는 환경, 친구, 계절, 자연 등 다양합니다. 주별 혹은 월별로 주제 동요를 정해 문해력 활동을 하고 노래 부르는 시간을 가져 보세요.

[주제별 동요 목록]

아이들과 부르기 좋은 주제별 동요를 소개합니다. 월별로 주제를 정해 관련된 동요를 불러보는 것도 좋습니다.

1. 학교: 꿈꾸지 않으면, 즐거운 학교 행복한 학교, 함께 걸어 좋은 길
2. 봄: 벚꽃팝콘, 어느 봄날, 달보드레 봄
3. 여름: 하늘 친구 바다 친구, 싱그러운 여름, 빗방울 왈츠
4. 환경: 바다야 지켜줄게, 아기 물고기의 소원, 착한 사람들이 지구를 지켜요
5. 가을: 가을 소풍, 노을, 가을이 오는 소리
6. 친구: 꽃게 우정, 친구가 되는 멋진 방법, 내가 먼저 웃어줄게
7. 겨울: 잠꾸러기 고구마, 안녕? 눈사람, 하얀 나라
8. 언어: 다섯 글자 예쁜 말, 웃음꽃 말씨앗, 높임말 친구
9. 자연: 네잎클로버, 달팽이의 하루, 오솔길
10. 인성(협력, 존중): 모두 다 꽃이야, 무지개빛 하모니, 넌 나의 참 좋은 날

---

4. 미디어 문해력 수업에 도전하기

현대 사회에서 미디어는 배제할 수 없는 영역이 되었습니다. 미디어의 부정적인 문제들이 여전히 존재하지만, 그렇다고 무조건 금지하는 것이 정답이라고 하기는 어렵습니다. 미디어는 계속 발달하고 있으며, 점점 사람들에게 친숙한 존재가 되고 있기 때문입니다. 아이들이 살아갈 미래 사회에는 '미디어를 얼마나 잘 사용하느냐'가 중요하다고 할 수 있습니다.

문해력은 그저 지면에 있는 글에만 한정된 능력이 아닙니다. 미디어를 잘 사용하기 위해서도 문해력은 꼭 필요합니다. 미디어 안에 넘쳐나는 글 중 자신에게 필요한 주제의 글을 선택하여 읽기, 선택한 글을 읽은 뒤 믿을 수 있는 글인지 판단하기, 미디어 환경에 적절하게 자신이 표현하고자 하는 생각을 글로 쓰기를 할 수 있으려면 문해력이 필요합니다.

일상생활에서 자신에게 필요한 글을 찾아 잘 읽는 사람은 미디어에 있는 글도 잘 읽을 수 있습니다. 평소에 생각을 글로 잘 표현하는 사람, 글을 통해 다른 사람과 의사소통을 잘하는 사람은 미디어 글쓰기도 잘할 수 있습니다. 미디어 활용을 위한 문해력 수업을 어떻게 할 수 있는지 알아보겠습니다.

1) 목적을 생각하며 자신에게 필요한 정보 찾기

미디어에서 정보를 찾을 때는 미디어를 통해 알아보고자 하는 것이 무엇인지, 미디어를 활용하는 이유가 무엇인지 생각해야 합니다. 이는 글을 읽을 때와 비슷합니다. 글을 읽는 목적을 생각해야 효과적으로 글을 읽을 수 있으니까요.

하지만 효과적으로 미디어 활용하기는 글을 효과적으로 읽기보다 더 어려울 수 있습니다. 미디어 속 넘쳐나는 정보의 양은 오히려 필요한 정보를 찾기 어렵게 만듭니다. 그래서 필요한 정보를 찾기 위한 검색 방법을 익혀야 합니다. 그리고 검색을 통해 나온 정보가 정말 필요한 정보가 맞는지 점검할 수 있어야 합니다.

이 과정에서 문해력이 필요합니다. 적절한 검색어 사용하기, 자신에게 필요한 자료인지 점검하기를 할 수 있어야 하기 때문입니다. 글을 읽고 중요한 내용을 한마디로 정리할 수 있는 아이들은 내가 찾고자 하는 정보를 대표할 수 있는 검색어를 설정하는 일을 좀 더 수월하게 할 수 있습니다. 글을 읽을 때 제목, 차례, 글에 대한 개략적인 소개를 읽고 내용을 잘 짐작하는 아이들은 미디어 텍스트의 제목을 살펴보고 본문을 훑어보며 대략적인 정보를 잘 파악하겠죠.

필요한 정보를 찾는 능력은 조사하기를 통해 길러줄 수 있습니다. 조사하기 전에 「무엇을 조사할 것인지」 명확하게 이해해야 함을 알려주세요. 그리고 미디어 기기를 이용하여 검색할 때 어떤 검색어를 사용할지 생각한 뒤 그것을 검색창에 입력하게 해봅니다. 검색 결과, 기대했던 내용이 나왔는지 평가합니다. 만약 기대했던 내용이 아니었다면 왜 이런 결과가 나왔을지 생각합니다.

검색할 때 어휘를 잘 사용해야 한다는 점, 적절한 범위에서 검색해야 한다는 점을 배울 수 있게 해주세요. 과학 시간에 「실생활에서 저울을 사용하는 예」를 조사하려면 '저울'이라는 키워드를 포함하여 검색어를 만들어야 합니다. 그렇다고 '저울'이라고만 검색하면 너무 많은 정보가 나오겠죠. '실생활 저울 사용'이라고 적절한 범위에서 검색하면 좀 더 유용한 정보를 찾을 수 있음을 알려주세요.

검색해서 찾은 자료가 필요한 정보인지 파악할 수도 있어야 합니다. 검색해서 나온 글을 읽거나 영상을 보려면 시간과 노력이 듭니다. 그렇기에 찾은 자료가 시간과 노력을 사용하기에 적절한 것인지 판단해야 합니다. 검색해서 나온 글을 꼼꼼히 읽었는데 내가 기대했던 내용의 글이 아니라면 어떨 것 같은지, 이런 일이 생기지 않도록 할 수 있는 일이 무엇일지 이야기를 나누어 보세요. 그리고 검색한 정보를 꼼꼼히 살펴보기 전에 왜 훑어보기를 해야 할지 이야기를 이어가 보세요. 실생활에서 저울을 언제 사용하는지 알려주기를 기대했던 글인데 막상 읽어 보니 저울을 광고하는 글이었다면, 글을 꼼꼼히 읽기 전에 훑어 읽기를 하여 사실을 알려주는 글인지 광고하는 글인지 판단해야 한다는 사실을 알려줄 수 있겠죠.

2) 정보를 비판적으로 읽기

미디어 콘텐츠는 누구나 손쉽게 만들 수 있습니다. 정보에 대해 제대로 파악하지 않고 만든 콘텐츠가 있을 수도 있습니다. 많은 사람이 콘텐츠에 접근하기를 바라는 마음에서 정확하지 않은 정보를 자극적으로 편집해서 만들 수도 있죠. 그렇기에 콘텐츠를 비판적으로 읽는 능력은 꼭 필요합니다.

글을 읽을 때도 비판적인 관점이 필요합니다. 글의 내용을 이해하는 일에서 더 나아가 옳고 그름까지 판단할 수 있어야 합니다. 비판적으로 글을 읽는 일은 능동적인 독자가 되게 하며 더욱 깊이 있고 의미 있는 읽기를 가능하게 합니다. 글을 비판적으로 읽는 사람은 미디어 콘텐츠를 비판적으로 읽는 일도 익숙하게 할 수 있습니다. 이런 점에서 미디어 활용과 문해력은 연관이 됩니다.

미디어 콘텐츠를 비판적으로 읽는 방법을 어떻게 배울 수 있을까요? 처음에는 거짓 정보나 신뢰할 수 없는 정보가 담겼다는 것을 확실하게 알 수 있는 콘텐츠를 제공합니다. 그리고 이를 통해 정보의 옳고 그름을 판단해야 하는 까닭을 알 수 있게 합니다. 이어서 교사가 제시한 미디어 속 글이나 영상을 비판하며 읽는 연습을 꾸준히 하고, 이것이 실제 상황으로 이어지게 합니다. 미디어에서 찾은 정보의 신뢰성을 생각했던 경험에 대해 함께 이야기 나누는 것도 좋습니다.

3) 미디어에서 다른 사람과 글로 소통하기

소셜미디어(SNS)는 얼굴도 모르는 다른 사람들과 소통을 더욱 편하게 할 수 있게 만들어 주었습니다. 과거에는 자신의 의견, 생각을 전달하려면 많은 사람이 보는 지면에 글이 실려야 했습니다. 그렇기에 모르는 사람들과 소통하기 어려웠죠. 하지만 지금은 소셜미디어 덕분에 모르는 사람들과 소통하는 일이 매우 쉬워졌습니다.

소셜미디어에서 다른 사람과 소통하기 위해 주로 글을 작성합니다. 사진이나 영상 등을 주된 소통 도구로 활용하더라도 부수적으로 글이 따르는 경우가 많습니다. 이는 미디어에서 다른 사람과 소통을 잘하려면 효과적으로 글을 쓸 수 있어야 한다는 것을 의미합니다. 이런 점에서 미디어 활용과 문해력은 관련이 있습니다.

미디어에서 다른 사람과 소통하기 위한 글을 쓰는 방법을 배울 수 있는 수업을 해볼까요? 먼저 미디어에서 글을 써야 하는 상황을 제시합니다. 어떤 글이나 영상에 댓글을 다는 상황, 다른 사람에게 메일을 보내는 상황, 단체 채팅방에서 대화를 나누는 상황, SNS를 통해 내 의견을 전달하려는 상황 등 말이죠. 아이들의 학년을 고려하여 적절한 상황을 제시해 보세요. 목적과 상황을 생각하며 미디어에 올릴 글을 공책에 써보도록 합니다. 그리고 왜 이렇게 썼는지 미디어의 특징과 관련지어 이야기를 나눕니다. 배운 내용을 실제 삶에서 잘 적용하도록 주기적으로 자신의 실천 사례를 말하는 시간을 가지는 것도 좋습니다.

이제 미디어는 일상생활의 일부가 되었다고 해도 과언이 아닙니다. 아이들이 미디어를 지혜롭게 활용할 수 있도록 해야겠죠. 미디어 활용에 문해력이 영향을 준다는 점을 생각하며, 미디어 활용 능력을 기를 수 있게 해 주는 문해력 수업에 도전해 보세요.

V

문학(그림책, 동화책)으로 문해력 수업하기

그림책은 짧은 글과 그림으로 이루어져 있어 문해력 수업에 활용하기 좋습니다. 한정된 수업 시간 동안 기승전결이 분명한 이야기를 읽는 것이 어려운데, 그림책은 이것을 가능하게 해줍니다. 문해력 차이가 큰 아이들을 모두 아우를 수 있기도 하죠. 그림을 보며 추론하는 활동을 할 수도 있습니다. 문해력 수업에 어떤 자료를 사용해야 할지 고민된다면 그림책을 살펴보세요.

동화책은 그림책에 비해 글밥이 좀 더 있는 편입니다. 그래서 장별로 나누어 읽는 방식을 활용하는 것이 좋습니다. 그림책과 달리 한 차시 내에 읽기에는 어려움이 있으므로 문해력 수업을 처음 시작한다면 동화책보다는 그림책을 권장합니다. 다만 아이들이 짧은 글을 읽는 일에만 친숙해지는 것은 바람직하지 않습니다. 그림책을 활용한 문해력 수업에 익숙해졌다면 그림책보다는 좀 더 글밥이 있는 동화책을 활용한 문해력 수업도 해보세요.

1. 노란 카약

관련 교과	창체	주제	새 학년(학기) 시작하기
관련 내용	• 학기 초 적응 관련 활동		

학기 초는 아이들에게 매우 긴장되면서도 설레는 시기입니다. 이번 학기는 학교생활을 잘해야겠다고 다짐하기 좋은 시기이기도 하죠. 새로운 시작을 앞둔 아이들에게 응원과 격려를 해주는 책을 읽어주며 문해력 수업을 해보는 것은 어떨까요?

이 그림책에서는 두 친구가 노란 카약을 타고 멋진 바다로 모험을 떠납니다. 당장 어떤 일이 생길지, 안전한 모험이 될지 위험한 모험이 될지 알 수 없지만 용감하게 나아갑니다. 한 번도 가보지 못했던 곳으로 가며 폭풍우를 만나기도 하지만, 새로운 세상에서 그동안 해보지 못했던 경험을 하기도 하죠. 만약 용기를 내어 모험을 떠나지 못했다면 이런 경험을 할 수 없었을 것입니다.

두 친구가 모험을 떠나는 것을 새 학기가 시작되는 것과 같은 맥락에서 살펴볼까요? 이번 학기에 어떤 일이 벌어질지 모르지만 새로운 세상을 경험하고 배우기 위해서는 용기내어 앞으로 나아갈 수 있어야 합니다. 모험에서 폭풍우를 만난 것처럼 늘 좋은 일만 생기는 것은 아니지만 힘든 일을 극복하는 과정에서 배움을 얻기도 합니다. 혼자 떠난 여행이 아닌 두 친구가 함께 떠난 여행이라는 측면에서도 생각할 거리가 나옵니다. 혼자라면 하기 힘든 일을 친구와 함께라면 용기내어 할 수 있을지도 모르니까요.

♥ 문해력을 기르는 활동

[읽기] 용기 내어 모험을 떠난 것과 모험의 과정에 초점을 맞추어 내용에 관한 질문을 합니다. 두 친구가 모험을 하며 무엇을 만났는지, 모험을 방해하는 것들에 무엇이 있었는지 정리하며 책의 내용을 이해해 봅니다.

"모험을 통해 무엇을 배웠을까요?"라는 질문이 굉장히 중요합니다. 이 그림책을 읽은 가장 큰 이유는 「즐거우면서도 힘든 모험을 통해 배울 수 있다. 학교생활도 그러하다. 즐거운 일도 있고, 힘든 일도 있겠지만 그 안에서 배움을 얻을 수 있을 것이다. 용기 내어 멋지게 도전해 보자!」라는 메시지를 전달하기 위함입니다. 이런 메시지를 더욱 효과적으로 전달하게 도와주는 질문이 바로 "모험을 통해 무엇을 배웠을까요?"라는 질문이죠.

글을 읽고 감정을 짐작하는 활동은 국어 시간에 꾸준히 해온 활동으로써 공감 능력을 기르게 해줍니다. 정서·사회성 발달에 도움이 될 뿐만 아니라 좀 더 글을 효과적으로 이해할 수 있게 해주어 문해력을 기르는 데도 도움이 됩니다. 글에 나온 두 친구가 모험을 하는 과정에서 어떤 감정이었을지, 왜 그런 감정이 들었을지 생각하고 이야기 나누는 시간을 가져 보세요.

[쓰기] 새 학기를 앞둔 시점에서 나에게 해주고 싶은 말을 쓰는 활동을 해봅니다. 「용기를 내자, 어려운 일이 생겼을 때 지혜롭게 이겨내자, 힘든 일을 통해 배우자, 친구들과 협력하여 멋진 학교생활을 해보자」 등 자신에게 해주고 싶은 격려의 말을 씁니다. 아이들의 수준과 흥미, 학년에서 배우는 내용을 고려하여 적절한 글쓰기 활동을 제시해 보세요(나에게 쪽지나 편지 쓰기, 나를 위한 시 쓰기 등).

[문해력 수업 학습지: 노란 카약]

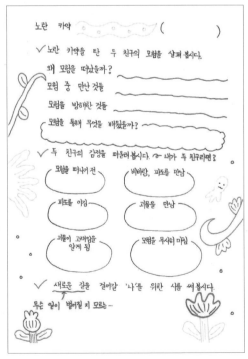

2. 시간은 어디에 있는 걸까?

관련 교과	실과, 창체	주제	시간의 특징 이해하기
관련 내용	• 시간 관리		

시간에 대해 올바른 인식을 가진 아이들은 자신의 삶을 잘 꾸려나갈 수 있습니다. 그렇기에 수업 중 시간에 대해 생각해보는 것은 의미가 있습니다.

이 책에서는 시간에 대한 여러 가지 질문을 던집니다. 시간은 어떤 모습일지, 시간은 어디에서 와서 어디로 가는 것일지, 시간은 어떻게 흐르는 것일지 생각할 수 있는 질문을 합니다. 다소 철학적이고 추상적인 질문이기에 저학년 아이들에게는 어려울 수 있습니다. 시간에 대해 바른 관점을 가지기 시작해야 하는 고학년 아이들과 읽으면 좋습니다.

♥ 문해력을 기르는 활동

[읽기] 시간과 관련한 경험을 떠올리며 읽어 봅니다. 시간이 빨리 가는 것처럼 느낀 경험, 시간이 느리게 가는 것처럼 느낀 경험을 떠올리며 이야기를 나누어 보세요. 누구나 시간이 빠르게 혹은 느리게 가는 것처럼 느낄 수 있다는 점을 배울 수 있으며, 글을 더욱 실감 나게 읽을 수 있습니다.

시간에 대한 느낌은 서로 비슷할 수도 다를 수도 있습니다. 글을 읽고 서로 공감하기도 하고, 서로 다른 생각을 존중하기도 합니다. 이렇게 글을 읽고 소통하며 서로에 대한 이해를 높일 수 있습니다.

시간에 대한 경험을 떠올리며 글에 나오는 질문에 답해 볼까요? 글쓴이가 이 글을 쓴 목적이 무엇인지, 이런 질문을 던진 이유가 무엇인지 알 수 있습니다. 시간과 관련된 경험을 떠올리지 않고 글자 그대로 읽는다면 내용을 깊이 있게 이해하기 어려울 것입니다.

이와 같은 활동을 한 뒤 글을 읽을 때 경험을 떠올리는 것이 효과적인 읽기 방법임을 짚어 주세요. 연결하기의 중요성을 배울 수 있을 것입니다.

[쓰기] 시간이 빨리, 혹은 느리게 가는 것처럼 느꼈던 경험을 글로 써봅니다. 자신의 경험을 글로 쓰면 그 상황을 더욱 깊이 있게 바라볼 수 있습니다. 그리고 시간에 대해 어떤 관점을 가져야 할지 배울 수 있습니다. 한 편의 글로 쓸 시간이 부족하거나 아이들이 글쓰기를 어려워하는 경우 시간이 빨리, 혹은 느리게 가는 것처럼 느꼈던 경험과 그 이유를 짧은 글로 쓰게 해보세요.

시간을 주제로 이야기를 나누고 글로 쓴 것을 토대로 시간에 대한 정의를 내려봅니다. 「시간은 (   )입니다」라는 문장의 빈 칸에 각자가 정의한 낱말과 그렇게 생각한 이유를 적습니다. 자신에게 시간이 어떤 의미가 있는지 정리함으로써 시간에 대한 올바른 관점을 정립할 수 있습니다.

3. 큰 토끼 작은 토끼

관련 교과	미술	주제	조형 요소와 원리 탐색하기
관련 내용	• 조형 요소와 원리		

짧고 재미있는 글과 아름다운 그림이 함께 하는 그림책은 아이들에게 매력적으로 다가옵니다. 그림책에 나오는 멋진 그림을 활용한 문해력 수업은 심미적 감성을 기르게 해주고, 책에 대한 관심을 높여주기도 합니다.

겁 많은 큰 토끼와 호기심 많은 작은 토끼에게 생긴 일을 재미있게 표현한 이 그림책을 활용하여 미술 교과와 통합한 문해력 수업을 할 수 있습니다. 글의 내용이 재미있기도 하지만 그림도 매력적이기 때문입니다. 인물과 배경을 아름답게 표현한데다가 이야기와 어울리게 그림을 묘사하였습니다. 그래서 그림을 보고 글에 나오지 않은 내용을 추론하는 문해력 활동과 미술 작품 감상 방법을 배우는 활동을 하기에 좋습니다.

♥ 문해력을 기르는 활동

[읽기] 그림책을 읽기 전에 제목을 보며 어떤 이야기일지 짐작해 봅니다. 큰 토끼 작은 토끼라는 제목을 통해 두 인물이 등장하며, 둘 사이에 생긴 일이 나올 것임을 예상할 수 있습니다. 책을 읽으며 시간의 흐름에 따라 사건이 어떻게 진행되는지 정리도 해보세요.

내용을 파악하는 활동과 함께 그림을 감상하는 활동을 할 수 있습니다. 작가가 이야기를 그림으로 어떻게 표현했는지, 그림을 보며 어떤 생각이나 느낌이 들었는지 이야기를 나누어 보세요.

조형 요소와 원리를 배울 때 이 그림책을 활용해도 좋습니다. 그림에 사용한 조형 원리를 찾아 정리하고, 이러한 조형 원리를 사용한 이유가 무엇일지 말해 봅니다. 그리고 이야기의 내용과 작가의 표현 의도를 관련지어 생각해 봅니다.

[쓰기] 그림책을 읽은 뒤 줄거리와 생각이나 느낌을 써 봅니다. 이와 같은 그림책은 글밥이 적고 이야기가 단순하게 전개되기 때문에 줄거리와 생각이나 느낌을 쓰는 데 부담이 없습니다.

책에 나온 그림 중 마음에 드는 것 한 가지를 골라 그 이유를 써 봅니다. 간단하게 할 수 있는 활동이면서 그림과 자신의 마음을 연결하여 책이 의미 있다고 느껴지게 해줍니다.

고학년 미술 시간에는 조형 원리에 대해 설명하는 글을 써 봅니다. 책 속 그림에서 조형 원리를 찾아 다른 사람이 이해할 수 있게 쓰면 됩니다. 더 나아가 조형 원리에 대해 이해한 내용을 적용하는 활동도 할 수 있습니다. 그림책에 나온 주요 소재인 당근이나 토끼로 조형 원리가 잘 드러나게 그림을 그리고, 자신이 사용한 조형 원리에 관해 설명하는 글을 써 봅니다.

[문해력 수업 학습지: 큰 토끼 작은 토끼]

그림책 읽기+미술수업: 큰 토끼 작은 토끼

📚 표지에서 찾을 수 있는 조형원리를 한 가지 적어 봅시다.

예시)

| 대칭 | — | 식물의 잎이 좌우가 같게 그려져 있다. |

| | — | |

📚 『큰 토끼 작은 토끼』 그림책의 그림을 감상하며, 조형원리를 세 가지 찾아 적어 봅시다.

| | — | |

| | — | |

| | — | |

📚 조형원리 두 가지를 정하여 해당 조형원리가 잘 드러나게 그림으로 표현해 봅시다.

| 조형원리 (   ) | 조형원리 (   ) |

4. 산딸기 크림봉봉

관련 교과	도덕, 사회	주제	인권
관련 내용	• 인권의 중요성 • 인권 신장 과정 • 인권을 보호하려는 태도		

인권은 수업하기 어려운 주제입니다. 인권에 관한 수업을 하다 보면 '아이들이 인권을 정말 중요하게 생각할까?', '인권을 존중하려는 태도를 가질까?' 의문이 생길 때가 있죠. 인권이라는 말 자체가 아이들에게 친숙하게 다가오지 않는 것 같기도 합니다. 아이들이 인권을 좀 더 친숙하게 느낄 수 있도록 그림책을 활용하는 것은 어떨까요?

『산딸기 크림봉봉』은 디저트에 역사 이야기를 풀어낸 그림책입니다. 가정에서 산딸기 크림봉봉을 만드는 상황이지만, 시대에 따라 그 모습이 달라집니다. 세월이 흐르며 산딸기 크림봉봉을 만드는 과정과 먹는 모습에 차이가 나죠. 이를 통해 인권이 어떻게 변화했는지 알 수 있습니다.

♥ 문해력을 기르는 활동

[읽기] 시대가 변화함에 따라 산딸기 크림봉봉을 만드는 방법과 먹는 모습이 어떻게 달라졌는지 정리하며 읽습니다. 시간의 흐름에 따른 변화를 그래픽 오거나이저에 정리하며 읽어 봅니다.

산딸기 크림봉봉을 만드는 방법을 정리할 때는 만드는 사람, 재료를 구하는 방법, 거품기의 형태, 음식을 차갑게 보관하는 방법이 어떻게 변했는지 살펴봅니다. 이렇게 적절한 기준에 따라 정리하면 글의 내용을 명확하게 이해할 수 있습니다.

산딸기 크림봉봉을 먹는 모습을 정리할 땐 아이들의 수준을 고려하여 정리 방법을 선택합니다. 시간의 흐름에 따라 내용 정리하기를 잘한다면 처음부터 끝까지 스스로 정리하도록 합니다. 하지만 아직 이 부분이 어렵다면 힌트를 주세요.

내용을 정리한 것을 토대로 인권과 연결 지어 추론해 봅니다. 이 그림책을 읽는 목적은 인권에 대해 이해하도록 돕기 위함입니다. 따라서 글의 내용과 인권을 연결해서 생각하는 시간을 충분히 가져야 합니다. 예를 들어, 2010년에 산딸기 크림봉봉을 먹는 사람들의 인종, 성별, 나이가 어떤지 질문합니다. 그리고 이전의 모습과 어떻게 다른지, 모습이 달라진 까닭이 무엇일지, 이렇게 되기까지 사람들이 어떤 노력을 했을지 이야기를 나눕니다.

[쓰기] 글을 읽고 독서 감상문을 써볼까요? 시대에 따라 산딸기 크림봉봉을 만드는 방법과 먹는 모습이 어떻게 달라졌는지를 중심으로 줄거리를 작성합니다. 이어서 인권과 관련하여 떠오른 생각이나 느낌, 깨달음을 씁니다. 재미있었다, 좋았다 같은 단순한 생각이나 느낌을 쓰지 않도록 인권과 관련하여 써야 한다는 조건을 제시합니다.

「인권을 존중하기 위해 할 수 있는 일」을 주제로 글을 쓸 수도 있습니다. 책에 나온 인물들이 성별, 나이, 신분을 이유로 차별을 당했을 때 어떤 마음이었을지, 왜 그렇게 생각하는지 생각하며, 인권을 존중하기 위해 할 수 있는 일을 소개하는 글을 씁니다. 이때 '우리가 실천할 수 있는 일인가?'를 생각하며 글을 써야 함을 알려주세요. 아이들의 삶과 연결된 글을 쓸 수 있도록 말이죠.

5. 불가사리는 어디로 갔을까

관련 교과	과학, 창체	주제	환경보호
관련 내용	• 환경을 보호해야 하는 까닭 • 환경오염이 인간에게 미치는 영향		

아이들과 글 없는 그림책을 읽어 볼까요? 글 없는 그림책은 이미지를 통해 전달되는 생각을 인식하고 이해하는 능력인 시각적 문해력을 기르는 데 도움을 줍니다. 시각적 콘텐츠가 범람하는 시대에 살고 있는 아이들에게 시각적 문해력은 필수입니다.

글 없는 그림책을 읽으며 추론 능력을 기를 수도 있습니다. 글이 없기에 자연스럽게 추론 과정을 거치게 되죠. 그림을 보며 맥락을 파악해야 하고, 그 안에 숨겨진 의미를 적절한 근거를 가지고 찾아야 합니다.

『불가사리는 어디로 갔을까』는 글쓴이가 책을 쓴 목적이 분명하게 나와 있는 글 없는 그림책입니다. 환경을 보호해야 한다는 메시지를 전달하기 위해 쓴 책으로 제목과 그림을 통해 이를 충분히 유추할 수 있습니다. 그래서 어린 아이들과 읽기에도 좋습니다. 추론하기를 배울 때 첫 시작으로 활용해 보세요.

♥ 문해력을 기르는 활동

[읽기] 그림에 담긴 의미를 생각하며 읽어 볼까요? 고래가 바다에 쌓인 쓰레기를 아파트가 모여 있는 곳에 옮겨 놓는 그림, 쓰레기 때문에 아파트가 무너진 그림에 어떤 의미가 있는지, 왜 그런 의미가 있다고 생각하는지 말해 봅니다.

이야기 글이나 특정 사건에 관해 설명하는 글을 읽을 때 원인과 결과를 생각하면 내용을 잘 이해할 수 있습니다. 이 책은 환경오염, 환경보호라는 명확한 주제를 가지고 이야기를 전개해나가고 있기에 인과 관계를 생각하며 읽는 연습을 하기 좋습니다. 책을 한 장 한 장 넘길 때마다 바다의 모습이 어떻게 달라지는지, 이런 변화가 생기는 원인이 무엇이라고 생각하는지, 바다의 쓰레기가 바다에 사는 생물들과 인간에게 어떤 영향을 줄지 이야기를 나누어 봅니다.

[쓰기] 환경보호를 주제로 다양한 글쓰기를 해봅니다. 환경을 보호하자고 주장하는 글, 환경 보호 방법에 대해 설명하는 글을 쓸 수 있습니다. 저학년의 경우 일상생활에서 환경보호를 실천하고 일기 쓰기를 할 수 있겠죠.

환경보호를 주제로 간단한 그림책을 만들어 보세요. 즐거움을 주면서 문해력을 기르게 해주는 활동입니다. 그림책을 만드는 목적과 주제를 생각한 뒤, 쓸 내용을 떠올려 그림과 글로 표현합니다. 그리고 자신이 쓴 그림책을 대표할 수 있는 매력적이면서도 적절한 제목을 붙입니다.

그림책이기에 글을 짧게 써도 괜찮습니다. 글쓰기에 부담이 있는 아이들과 해보기 좋겠죠. 아이들에게 흥미를 유발하면서 의미 있게 다가갈 수 있는 주제로 그림책 만들기 활동을 해보세요.

[미니 그림책 만들기 지도 방법]

1. 『불가사리는 어디로 갔을까?』처럼 글 없이 그림으로만 표현해도 되고, 글과 그림을 함께 표현해도 됩니다. 수업의 목적과 상황, 아이들의 글쓰기 수준에 따라 적절한 방법을 사용합니다.

2. 아이들이 어떻게 표현해야 할지 생각하는 것을 어려워한다면 함께 읽은 그림책에서 배경만 바꾸거나(예: 바다 배경을 숲 배경으로 바꾸기) 등장하는 인물을 바꾸어서(예: 불가사리 대신 다른 바닷속 생물로 바꾸기) 표현해도 됩니다. 좀 더 어려운 수준에 도전할 아이들은 아예 새로운 이야기로 창작해 보도록 격려해 주세요. 새로운 이야기를 만들어내는 것이 가장 어려운 수준임을 인정해주고, 이를 해냈을 때 그 과정과 결과에 대한 긍정적인 피드백을 합니다.

3. 그림책을 만들 땐 목적과 대상이 분명해야 합니다. 『불가사리는 어디로 갔을까?』를 읽고 그림책 만들기 활동을 한다면 초등학생을 대상으로 환경보호라는 메시지를 전달하기 위한 그림책을 만든다는 점, 그림책을 읽은 사람들이 환경을 보호해야겠다는 생각이 드는 게 중요하다는 점을 안내해야 합니다.

4. 그림책 만들기 활동을 하다 보면 "그림에 색칠해야 하나요?", "바탕을 칠해야 하나요?"라고 물어보는 경우가 많습니다. 이런 질문에 답변할 땐 주제를 효과적으로 전달할 수 있는 방법을 사용하자고 하면 됩니다. 실제로 선으로만 이루어진 그림책, 바탕을 칠하지 않은 그림책도 있습니다. 하지만 이렇게 표현한 까닭이 색칠하기 귀찮아서가 아닙니다. 그림책의 내용을 전달하는 데 더 효과적인 방법이라고 판단했기 때문이죠. 아이들의 질문에 대한 답도 이런 측면에서 생각해서 하면 됩니다. 단, 색칠하기가 귀찮아서 이런 질문을 하는 경우가 종종 있습니다. 따라서 이와 관련된 이야기까지 함께해주는 것이 바람직합니다. 기본적으로 많은 독자는 예쁘고 아름답게 표현한 그림을 좋아한다고 알려주는 것입니다. "그림에 색칠하지 않는 것이 메시지를 전달하는 데 도움이 된다면 그렇게 해도 좋지만, 이것이 정성이 들어가지 않은 그림책으로 보이게 한다면 그렇게 표현한 의도를 충분히 설명할 수 있어야 한다. 그림책을 읽는 사람이 작가의 표현 의도를 파악하는 데 어려움이 있다면 수정할 필요가 있다"라고 알려줄 수 있습니다.

5. 각자 만든 그림책을 소개하는 시간을 가져 보세요. 그림책을 소개하며 주제를 이와 같은 방식으로 표현한 까닭을 발표하도록 합니다. 그리고 다른 친구들이 만든 그림책을 읽으며 든 생각이나 느낌에 대해 함께 이야기를 나눕니다. 이를 통해 글쓴이의 의도를 파악하면 글을 더 잘 읽을 수 있다는 점, 글을 쓸 때 주제를 잘 나타내기 위해 노력해야 한다는 점을 배울 수 있습니다.

6. 수박 수영장

관련 교과	국어, 통합	주제	여름, 재미, 상상
관련 내용	• 여름 날씨와 생활 모습 • 상상해서 표현하기		

계절에 대해 배울 때 그림책을 활용하면 좋습니다. 계절의 모습을 그림으로 묘사하여 실감나게 그 계절을 느낄 수 있게 해주기 때문입니다. 벚꽃이 아름답게 피어 있는 모습을 표현한 『벚꽃 팝콘』, 여름에 볼 수 있는 수박이라는 소재를 가지고 여름 풍경을 재미있게 묘사한 『수박 수영장』, 여름에서 가을로 넘어가는 시점의 모습을 볼 수 있는 『안녕, 가을』, 상상의 세계에 푹 빠져 읽다 보면 어느새 감귤향이 느껴지는 것 같은 『감귤 기차』 등 특정 계절을 배경으로 한 그림책이 많이 있습니다. 계절이 바뀌는 시점이나 정점에 있는 시기에 이런 그림책을 읽어주세요.

수박 안에서 수영을 한다는 기발한 내용으로 전개되는 『수박 수영장』은 아이들이 재미있게 읽는 그림책입니다. 수박 안에서 튜브를 타고 놀고, 수박 껍질로 된 미끄럼틀을 타는 모습을 보며 상상의 세계를 펼칠 수 있습니다.

♥ 문해력을 기르는 활동

[읽기] 글을 읽기 전에 제목과 표지를 보고 배경이 언제라고 생각하는지, 왜 그렇게 생각하는지 물어봅니다. 누구나 여름이라고 예상할 수 있는 너무 뻔한 활동이라는 생각이 드나요? 이것은 생각을 표현하기 어려워하는 아이들을 위한 활동입니다. 생각을 말해야 하는 질문을 하면 '내 생각이 잘못됐다고 하면 어떡하지?', '아무리 생각해도 잘 모르겠는데…' 하며 답하지 않으려는 아이들이 있습니다. 이런 경우에는 답하기 쉬운 질문을 하

되, 그렇게 생각한 까닭을 함께 말하도록 합니다. 쉬운 수준에서 생각을 말하는 연습을 하며, 부담감을 서서히 낮춰주는 것입니다.

여름, 수박, 수영장이라는 단어를 보고 생각을 떠올리며 글과 자신을 연결하기를 해봅니다. 친숙한 단어와 관련된 경험을 떠올리는 일은 편하고 쉽습니다. 이렇게 하면 저학년 아이들도 연결하기를 충분히 할 수 있겠죠.

수박 안에서 노는 인물들이 무엇을 했는지, 그 일을 했을 때 어떤 감정이었을지, 어떤 생각을 했을지 이야기 나누며 읽어 보세요. 수박 수영장의 모습이 재미있게 표현되어 있어 아이들이 즐겁게 말하는 모습을 볼 수 있을 것입니다.

[쓰기] 『수박 수영장』을 읽다 보면 '나도 여기에 가고 싶다'라는 마음이 생깁니다. 이런 마음을 글로 쓰면 좋겠죠. 「수박 수영장에 다녀왔다면」을 주제로 그림일기 쓰는 시간을 가져 보세요.

책의 내용을 참고하여 그림일기로 쓸 내용을 정합니다. 이어서 겪은 일을 쓸 때 들어가야 할 요소에 맞게 쓸 내용을 정리한 뒤 글쓰기를 합니다. 이를 통해 그림일기 쓰는 방법, 상상의 세계를 글로 표현하는 방법을 배울 수 있습니다.

수박 수영장
안녕달 지음

날짜:

이름:

📖 (읽기 전) 그림책 제목과 표지 그림을 보고 어떤 계절을 배경으로 한 내용일지 예상해 봅시다.

내가 알고 있는 지식이나 경험을 근거로 예상해 봅시다.

📖 (읽기 전) '수박' 혹은 '수영장'과 관련된 경험을 떠올려 봅시다.

지난 여름, 할머니 댁에 가서 시원한 수박을 먹은 기억이 나요!

📖 (읽기 전) '수박' 혹은 '수영장'과 관련된 경험을 떠올려 봅시다.

이야기에 나온 내용 중 세 개만 골라서 정리해 보아요!

(읽기 후) 내가 『수박 수영장』에 나오는 아이가 되었다고 생각해 봅시다.
그리고 수박 수영장에 다녀온 일을 주제로 그림일기를 써 봅시다.

그림일기로 쓸 내용을 정리해 봅시다.

언제		어디서		누구와	
무엇을	[앞에 정리한 그림이나 글을 보며 서 봅시다.]				
생각이나 느낌					

위에 쓴 내용을 토대로 그림일기를 써 봅시다.

20 년 월 일	날씨 ( )

제목 ( )

수박 수영장이 개장해서 친구들과 함께 놀러 갔습니다.

7. 식혜

관련 교과	국어, 창체	주제	여름, 음식, 상상
관련 내용	• 식혜가 완성되는 과정 • 상상해서 표현하기		

　사소한 일을 자세히 바라본 적이 있나요? 작은 일에 관심을 가지면 세상을 다르게 바라볼 수 있습니다. 사과가 떨어지는 모습을 보며 그냥 지나칠 수도 있지만, 지구가 물건을 잡아당기는 힘이 있다는 생각을 할 수도 있죠. 특별하지 않다고 넘겼던 일상을 재미있게 표현한 그림책을 아이들과 읽어 보는 것도 좋겠습니다.

　『식혜』는 식혜 속 밥알의 모습을 재미있게 표현한 책으로 그림을 보고만 있어도 시원해지는 느낌이 듭니다. 식혜를 마시는 과정을 자세히 바라보고, 여기에 상상력을 더해서 글과 그림으로 표현한 것이 흥미롭기도 합니다. 아이들에게 사소하다고 생각했던 일을 특별한 시각에서 바라볼 수 있음을 알려줄 수 있습니다.

♥ 문해력을 기르는 활동

　[읽기] 글을 읽기 전에 식혜를 먹었던 경험을 떠올리고, 표지를 보며 어떤 내용이 나올지 짐작해 봅니다. 그리고 식혜가 만들어지는 과정을 살펴보며 이야기를 읽습니다. 식혜를 만드는 모습을 본 적이 있다면 실제 경험과 이야기를 비교해서 읽어도 좋겠죠.

　만화와 같은 느낌을 주는 그림책이기에 말풍선 속 밥알들의 말과 그 말을 하는 밥알들의 표정을 살펴보는 것도 재미있습니다. 글을 읽고 난 뒤 인상적이었던 밥알의 말과 표정을 찾고 그 까닭을 말해 봅니다.

[쓰기] 식혜를 만드는 과정을 그래픽 오거나이저에 정리한 뒤 이야기를 요약해 봅니다. 시간의 흐름에 따른 변화가 명확하게 드러나 있어 요약하기를 어렵게 느끼는 아이들과 해보기 좋습니다.

내가 좋아하는 음식을 소재로 이야기를 만듭니다. 이야기 글에 들어갈 요소(인물, 배경, 사건)에 대해 배운 뒤, 이것에 맞춰 글을 써도 되겠죠. 식혜 그림책처럼 음식이 만들어지는 과정을 글로 쓸 수도 있습니다. 음식에 들어간 재료들이 어떤 생각을 할지 상상해서 글과 그림으로 표현해 봅니다.

[문해력 수업 학습지: 식혜]

식혜
곽유진 글, 차상미 그림

날짜:
이름:

📚 (읽기 전) 식혜를 먹었던 기억을 떠올리며, 식혜의 모습을 그림으로 표현해 봅시다.

📚 (읽기 중) 이야기에서 밥풀들에게 생긴 일을 정리한 뒤 간추려 써 봅시다.

별일없이 시간이 흐름	→	(○○)이 떨어짐	→	(ㅅㅇㄷㅇ)가 일어남	→	맛있는 식혜가 됨

📖 (읽기 중) 밥풀들이 한 말 중 기억에 남는 말을 쓰고, 말했을 때 밥풀의 표정도 그려봅시다.

📖 (읽기 후) 식혜 이야기처럼 내가 좋아하는 음식이 나오는 이야기를 상상해 봅시다.

[주인공 캐릭터 그리기]

[캐릭터 소개]

[캐릭터 이름]

[캐릭터 특징]

[배경]

1. 시간:

2. 장소:

[주인공에게 생긴 일]

1. 주인공에게 생긴 문제:

2. 문제를 해결한 방법:

8. 내 멋대로 친구 뽑기

관련 교과	국어, 도덕, 창체	주제	친구
관련 내용	• 친구의 소중함		

아이들은 학교에서 다양한 친구들을 만나며 배우고 성장합니다. 어떤 친구든 장점과 단점을 모두 갖고 있습니다. 친구들이 항상 내 맘에 들 수는 없죠. 친구들과 지내다 보면 갈등이 생기기도 하고 힘든 마음이 들기도 합니다. 그래도 친구가 있다는 것은 기쁘고 행복한 일입니다. 책을 통해 친구의 의미, 친구와 좋은 관계를 맺는 방법을 알려주세요. 친구와의 갈등과 이것을 해결하는 과정이 담긴 이야기는 아이들의 마음을 어루만져줄 수도 있습니다.

『내 멋대로 친구 뽑기』의 주인공 태우는 주변 친구들을 보면 짜증이 납니다. 마음에 드는 점이 없기 때문입니다. 어느 날, 놀이동산으로 소풍을 간 태우는 친구를 고를 수 있는 자판기를 발견합니다. 그리고 자판기에서 나온 친구들을 통해 진정한 친구란 무엇인지 알게 됩니다.

♥ 문해력을 기르는 활동

[읽기] 인물의 마음을 짐작하며 글을 읽어 볼까요? 더욱 실감 나고 재미있게 읽을 수 있습니다. 이 글에 나오는 사건은 비현실적이긴 합니다. 하지만 주인공이 자판기에서 나온 친구들에게 하는 말이나 행동을 보고 인물의 마음을 짐작하는 것은 그리 어렵지 않습니다. 친구는 아이들에게 가까운 존재이기 때문입니다.

자판기에 나온 친구들의 마음뿐만 아니라 주인공 태우의 마음도 짐작합니다. 마음에 드는 데가 없는 친구들이 모여 있어서 짜증이 나는 마음, 자판기에서 나온 친구들이 자기 생각과 다르게 행동해서 실망스러운 마음을 말이죠. 아이들은 친구와 지내는 과정에서 태우의 마음처럼 느낄 때가 있습니다. 그래서 양쪽의 입장에 서서 생각해봐야 합니다. 태우의 마음과 자판기에 나온 친구들의 마음 모두를 짐작하며 친구에 대한 올바른 관점을 가질 수 있게 해주세요.

인물의 마음을 짐작할 때 하기 좋은 질문은 '내가 ○○이라면 어땠을까?'입니다. '내가 태우라면 어땠을까?', '내가 재미있는 친구라면 어땠을까?'와 같은 질문에 답을 생각하다 보면 자연스럽게 인물의 마음을 짐작할 수 있습니다. 그리고 이 과정에서 깨달음을 얻을 수도 있습니다. '친구에게 이렇게 말하거나 행동하면 안 되겠구나!', '친구들이 항상 마음에 들 수는 없구나! 그래도 친구가 있다는 것은 행복한 것이구나!'처럼 말이죠.

[쓰기] 이야기를 읽으며 생각한 것을 문장으로 씁니다. '생각을 문장으로 쓰기'는 글쓰기에서 가장 기본적인 능력입니다. 그래서 처음 글쓰기를 시작할 때 많이 해보면 좋습니다. 생각을 문장으로 쓰기 어려워하는 아이에게는 생각을 먼저 말로 하도록 안내한 뒤 그것을 문장으로 옮겨 쓰자고 제안해 보세요.

책을 읽고 독서 감상문을 쓸 수 있습니다. 자판기에서 나오는 친구가 달라지며 이야기가 전개되기에 각각의 친구들을 만나서 생긴 일을 중심으로 간추리면 됩니다. 그래픽 오거나이저에 태우와 자판기에서 나온 친구들이 한 일을 정리한 뒤 줄거리를 쓰게 해보세요. 생각이나 느낌을 쓸 때는 친구와 관련지어 쓰도록 합니다. "어떤 친구가 좋은 친구일까요?", "친구와 잘 지내기 위해 할 수 있는 일에 무엇이 있을까요?"와 같은 질문을 하면 생각이나 느낌을 구체적으로 쓰게 도울 수 있습니다.

『내멋대로 친구 뽑기』 책을 읽고

(   )초등학교 (   )학년 (   )반 (   )

📖 내가 만약 태우라면 어떤 친구를 원했을 것 같나요? 왜 그런 친구를 원했을 것 같나요?

> [이런 친구를 원해요!]

> [왜 이런 친구를 원하나요?]

📖 태우는 준수에게 좋은 친구가 되기로 했어요. 내가 원하는 모습의 친구가 있나요? 그럼 먼저 그런 모습의 친구가 되는 건 어떨까요? 좋은 친구가 되기 위해 실천할 수 있는 일을 적어 봅시다.

친구 관계를 잘 유지하려면 내가 먼저 좋은 친구가 되어야 합니다. 이를 위해 「좋은 친구가 되는 방법」을 주제로 글을 쓰는 활동을 해봐도 좋겠죠. 친구가 했던 좋은 말과 행동을 구체적으로 떠올립니다. 그리고 '나는 친구 관계를 잘 유지하기 위해 어떤 말과 행동을 했는가?', '앞으로 좋은 친구가 되기 위해 어떻게 해야 할까?' 생각하여 글쓰기를 합니다.

9. 오리 부리 이야기

관련 교과	국어, 도덕, 창체	주제	친구, 말, 예절
관련 내용	• 말의 중요성 • 친구 관계		

　인터넷과 스마트폰이 발달하면서 확실하지 않은 말이 쉽게 퍼져나가고, 이로 인한 피해가 늘어나고 있습니다. 잘못된 소문으로 인해 가게가 망하기도 하고, 한 사람의 삶이 무너지기도 하죠. 이것은 비단 어른의 이야기만은 아닙니다. 아이들 사이에서도 확실하지 않은 말을 퍼뜨리는 일로 인해 갈등이 생기니까요.

　『오리 부리 이야기』에는 자신이 하지 않은 일을 했다고 억울하게 누명을 쓴 들쥐, 잘못된 소문으로 피해를 입은 요리사, 겁 많다고 소문난 사냥꾼이 나옵니다. 등장인물이 겪는 일을 통해 확실하지 않은 말의 문제점을 알 수 있죠. 이 책을 읽으며 말의 힘에 대해 생각해 봅시다.

♥ 문해력을 기르는 활동

　[읽기] 문학의 기본요소를 생각하며 글을 읽어 봅니다. 등장인물이 누구인지, 인물들이 어떤 일을 겪는지, 그 일을 겪을 때 인물들의 감정은 어떨지 이야기 나누어 보세요. 확실하지 않은 말로 인해 피해를 본 인물들의 마음을 생각하며, 현실에서 이런 일이 생긴다면 어떻게 될지 생각해 봅니다.

　인과 관계를 파악하며 읽어도 좋습니다. 어떤 일이 생긴 원인과 결과를 정리하며 읽도록 해보세요. 「당사자가 하지 않았다고 하는 일을 했다고 잘못된 소문을 퍼뜨림(원인) - 소문의 주인공이 피해를 봄(결과)」 같이 확실하지 않은 말이 어떤 결과를 가지고 오는지 정리합니다. 일상생활에서 문제가 생겼을 때 원인을 잘 파악하면 지혜롭게 해결할 수 있습니다. 글을 읽고 인과 관계를 파악하는 활동을 통해 문제 해결 능력을 기를 수 있습니다.

등장인물의 말과 행동을 살펴보고, 잘못된 소문을 퍼뜨리는 일에 관한 생각을 함께 나누어 봅니다. 이를 통해 확실하지 않은 말을 하지 않아야겠다는 깨달음을 얻을 수 있습니다. 잘못된 소문으로 인해 억울한 상황에 놓였던 때를 떠올리며 공감과 위로를 받을 수도 있습니다. 문학 작품을 읽으며 어떻게 살아야 할지 깨달음을 얻을 수도 있고, 마음의 울림을 느낄 수도 있습니다. 이로 인해 더욱 아름다운 삶을 살 수 있게 되겠죠. 문학 작품을 읽는 일에 이러한 의미가 있다는 점을 알게 해주세요.

[쓰기] 책을 읽고 의견이 드러나는 글을 씁니다. 다른 사람의 이야기를 함부로 퍼뜨리고 다니면 안 된다는 의견이 담긴 글을 쓸 수 있겠죠. 인물들이 확실하지 않은 말 때문에 겪은 일, 이로 인해 인물들에게 생긴 감정을 토대로 글쓰기를 합니다. 고학년의 경우 논설문 형식으로 쓰게 해도 좋습니다. 저학년이라면 말에 대한 속담 찾아 따라 쓰기, 등장인물에게 편지 쓰기와 같은 활동을 할 수 있습니다.

VI

비문학으로
문해력 수업하기

비문학 읽기는 적어도 중학년부터는 시작해야 합니다. 가능하면 그 이전부터 정보를 전달할 목적으로 쓰인 짧은 그림책을 접하게 해주는 것이 좋지만, 유아에서 저학년 시기는 책과 친해지는 게 우선이기에 강제로 하는 것은 권하지 않습니다. 하지만 사회, 과학 수업을 시작하는 3학년부터는 비문학을 읽어야 합니다. 사회, 과학 공부를 할 때는 교과서 읽기, 주제와 관련된 내용이 나오는 글 읽기를 기본적으로 해야 합니다. 이런 글은 비문학에 어울리는 읽기 방법을 적용하여 읽어야 하죠. 그래서 3학년부터는 비문학 읽기 방법을 배워야 합니다.

비문학 책은 대체로 글밥이 많습니다. 따라서 수업 시간에 처음부터 끝까지 읽는 것은 비효율적입니다. 수업 시간에 다루는 주제와 관련된 책을 찾고, 그 안에서 필요한 부분만 발췌해서 읽어주세요. 수업 중 지도의 기호에 대해 배운다면 지도에 관한 비문학 책 중 기호에 대해 설명하는 글을 발췌해서 읽어주며 문해력 수업을 할 수 있습니다.

비문학 글을 읽어줄 때는 두 가지 관점에서 바라봅니다. 하나는 글의 내용을 이해하는 것, 다른 하나는 비문학 글을 읽는 방법을 익히는 것입니다. 이 두 가지가 수업 중 함께 이루어질 수 있도록 합니다.

1. 발명(탐구 과정)

관련 교과	과학	주제	탐구 과정(발명)
관련 내용	과학적 문제 인식, 탐구 설계와 수행		
활용 도서	『신문이 보이고 뉴스가 들리는 재미있는 발명 이야기』 허정림 글, 김지훈·장유정 그림, 가나출판사		
글 제목	생각을 바꾸어 만든 발명품 이야기		

제목에서 알 수 있듯이 발명에 대한 전반적인 내용을 초등 중·고학년

아이들의 눈높이에서 알려주는 비문학 책입니다. 사람들이 발명을 어떻게 했는지, 발명이 무조건 좋기만 한 것인지, 발명의 권리라는 특허가 무엇인지 등 발명을 주제로 한 다양한 이야기를 담고 있기에 발명을 주제로 한 수업에서 활용하기 좋습니다.

책에 나온 글 중『생각을 바꾸어 만든 발명품 이야기』를 읽고 활동해 볼까요? 이 글을 통해 발명을 위한 탐구를 할 때는 주변에 대한 관심과 깊이 있는 생각이 필요함을 알 수 있습니다.

♥ 문해력을 기르는 활동

[읽기] 글을 읽기 전, 발명과 관련된 경험이나 알고 있는 점을 떠올립니다. 그리고 글을 읽으며 글에 나온 '생각을 바꾸어 만든 발명품'에 무엇이 있는지 정리합니다. 열거 방식의 그래픽 오거나이저에 정리할 수도 있겠죠. 글을 읽은 뒤 발명에 대해 새롭게 알게 된 점, 더 알고 싶은 점을 생각합니다.

[쓰기] 글을 읽고 발명에 대한 생각을 간단한 글로 정리합니다. 과학 시간에 발명을 위한 탐구 과정을 배운 것과 관련지어 글로 적게 해보세요. 이를 통해 수업 시간에 알아야 할 내용을 잘 배웠는지 확인할 수 있으며, 수업 시간에 배운 지식과 글을 읽으며 알게 된 지식을 종합해보는 경험을 할 수도 있습니다.

[문해력 수업 학습지: 발명에 대한 글 읽고 정리하기]

📚 책(글)의 제목 :

┌┄┄┄┄┄┄┄┄┄┄┄┄┄┄┄┄┄┄┄┄┄┄┄┄┄┄┄┄┄┄┄┐
│   │
└┄┄┄┄┄┄┄┄┄┄┄┄┄┄┄┄┄┄┄┄┄┄┄┄┄┄┄┄┄┄┄┘

📚 발명을 해 본 경험, 발명과 관련하여 알고 있는 점을 적어 봅시다.

📚 글을 이해하며 읽어봅시다.

• 생각을 바꾸어 만든 발명품에 대해 정리해 봅시다

```
          ┌──────────────────────┐
          │  생각을 바꾸어 만든 발명품  │
          └──────────────────────┘
         /              |              \
```

지우개가 달린 연필	구부릴 수 있는 빨대	발로 페달을 눌러서 뚜껑을 여는 쓰레기통

📚 글을 읽고 새롭게 알게 된 점을 정리해 봅시다.

📚 발명에 대해 어떤 생각이 들었는지 적어 봅시다.

2. 한글의 우수성

관련 교과	국어, 창체	주제	한글의 우수성
관련 내용	한글의 소중함 인식, 바른 국어 사용		
활용 도서	『알려줘 서울 위인!』 이정주 글, 이은주, 조윤주 그림, 지학사아르볼		
글 제목	백성들을 위해 만든 글자 / 세종은 뭘 했을까?		

『알려줘 서울 위인!』에는 서울의 위인, 문화유산, 옛이야기에 대해 나옵니다. 차례를 보면 온조왕, 강감찬, 세종대왕, 김시습, 허준 등 서울과 관련된 위인들의 이야기를 다룬 책임을 알 수 있죠. 서울의 옛이야기나 위인에 대해 가르칠 때 전체적으로 읽어줘도 좋은 책입니다.

반면에 서울에 대한 수업이 아닌 특정 위인이나 문화유산을 가르칠 땐 이에 해당하는 내용이 담긴 글을 선택하는 것이 적절합니다. 한글에 대해 배우는 수업에서는 세종대왕에 관한 글을 활용할 수 있겠죠. 한글을 만든 과정, 한글의 우수성을 주제로 문해력 수업을 해봅시다.

♥ 문해력을 기르는 활동

[읽기] 글을 읽기 전, 한글과 세종대왕에 대해 알고 있는 배경지식을 떠올립니다. 글을 읽으며 세종대왕이 한글을 만든 까닭은 무엇일지, 한글을 반대하는 사람들은 왜 그랬을지 원인과 결과 형태로 정리합니다. 「(원인)백성들이 글을 몰라 억울한 일을 당했다. → (결과)백성 모두가 알 수 있는 쉬운 글자를 만들었다」, 「(원인)백성들이 글자와 글을 익힌다. → (결과)양반, 관리들이 불편해진다」와 같이 원인과 결과를 생각하며 글을 읽습니다.

이어서 한글의 우수한 점을 정리합니다. 중요한 내용을 중심으로 열거 방식의 오거나이저에 정리할 수도 있겠죠.

한글과 세종대왕에 대해 새롭게 알게 된 점을 생각하고, 더 나아가 세종대왕을 통해 배운 점과 세종대왕의 삶을 통해 깨달은 점을 정리합니다. 이를 통해 가치 있는 삶이란 무엇인지, 삶을 어떻게 살아야 할지 생각하는 시간을 가질 수 있습니다. 역사적 인물의 삶을 아이들 자신의 삶에 비추어 바라볼 수 있게 해주세요. 이것을 어렵게 생각한다면 "책에 나온 인물을 통해 무엇을 배웠나요?"라는 질문부터 시작해 봅니다.

[쓰기] 「한글을 소중히 여기는 방법」을 주제로 글쓰기를 합니다. 세종대왕의 백성들을 사랑하는 마음이 담긴 한글, 세계에서도 우수함을 인정받은 한글을 어떻게 소중히 여길 수 있을지 생각하며, 실제로 할 수 있는 일을 찾아 글로 씁니다.

「나의 한글 생활 돌아보기」를 주제로 성찰하는 글쓰기를 할 수도 있습니다. '한글을 바르게 사용했는가?', '한글 사용과 관련하여 잘했다고 생각하는 점은 무엇인가?', '한글을 바르게 사용하기 위해 더욱 노력해야 할 점은 무엇인가?', '앞으로 한글을 어떻게 사용할 것인가?' 질문에 답을 하며 자신의 삶을 돌아보는 글을 써 봅니다. 이를 통해 글쓰기가 자신의 성장에 도움이 된다는 사실을 배울 수 있습니다.

3. 규칙과 디자인

관련 교과	수학, 미술	주제	반복 규칙
관련 내용	규칙 찾기, 규칙을 나타내기		
활용 도서	『선생님도 놀란 초등 수학 뒤집기: 규칙』 안수진 글, 김석 그림, 동아사이언스 성우주니어		
글 제목	깔끔한 아름다움, 반복 규칙		

규칙은 여러 교과 학습과 통합하여 다루기 좋은 주제입니다. 그래서 책의 일부를 읽은 뒤 다른 교과 활동으로 이어가는 방식으로 수업하기 좋습니다. 미술 시간에 「규칙을 활용한 디자인하기」를 가르칠 때, 규칙과 디자인에 대해 모두 다루는 내용이 있는 글을 활용할 수 있겠죠.

문해력 수업을 할 때 '무엇에 초점을 두어야 하는가?' 하는 문제는 굉장히 중요합니다. 규칙을 활용해 디자인하는 수업은 규칙에 아름다움이 있음을 알고, 그것을 활용하여 보기 좋게 디자인하는 것에 초점을 두어야 합니다.

『선생님도 놀란 초등 수학 뒤집기: 규칙』에는 초등 수학의 규칙 영역에 대한 다양한 내용이 담겨 있습니다. 꽤 수준 높은 내용까지 포함해서 말이죠. 문제는 이 책이 「규칙을 활용한 디자인하기」 수업에 사용하기 좋은 책인가? 하는 것입니다. 이 책의 차례를 보면 『깔끔한 아름다움, 반복 규칙』이라는 글이 있음을 알 수 있습니다. 그리고 이 글을 실제로 읽어 보면 수업에 사용하기 좋은 글임을 확신할 수 있죠. 책 전체를 꼼꼼하게 다 읽지 않아도 이렇게 하면 수업에 사용할 글을 쉽게 찾을 수 있습니다.

♥ 문해력을 기르는 활동

[읽기] 교사가 이 글을 찾은 과정에 대해 이야기합니다. 수업 시간에 배

우는 내용과 관련된 책을 찾기 위해 제목을 살펴보고, 차례와 훑어 읽기를 통해 필요한 글을 찾았음을 알려주세요. 교사의 직접 경험을 통해 비문학 책에서 자신에게 필요한 글을 찾는 방법을 배울 수 있습니다. 어떤 정보를 알아보기 위해 글을 찾을 때는 책 전체를 꼼꼼하게 다 읽지 않아도 된다는 것을 알게 해주세요.

글을 읽기 전, 반복되는 규칙에 대해 알고 있는 내용과 반복 규칙을 본 경험을 떠올립니다. 일상생활에서 반복 규칙으로 된 디자인은 쉽게 접할 수 있습니다. "교실에서 반복 규칙으로 되어 있는 것에 무엇이 있을까요?", "학교에 오는 길에 반복 규칙으로 된 것을 본 적이 있나요?"와 같은 질문을 해보세요.

글을 읽으며 반복 규칙 개념을 정리합니다. 개념의 뜻을 짐작하고 실제 뜻과 비교해 봅니다. 이어서 반복 규칙이 적용된 문제 해결하기, 반복 규칙 만들기 활동을 하며 개념을 잘 이해했는지 확인합니다.

[쓰기] 반복되는 규칙을 사용하는 까닭을 간단한 수준의 글로 정리합니다. 글에 나온 내용을 그대로 쓰는 데서 더 나아가 자신의 생각을 덧붙여서 쓸 수도 있습니다. 글쓰기를 통해 규칙이 그저 수학 시간에만 쓰이는 것이 아니며, 여러 분야에서 활용되는 의미 있는 것임을 알도록 해주세요. 이렇게 한 뒤 반복 규칙으로 디자인하는 본격적인 미술 활동으로 이어가면 배움이 효과적으로 일어날 수 있습니다.

반복되는 규칙(국어, 수학, 미술)

날짜:

___반 ___번 _____

📖 책(글의 제목)

📖 반복되는 규칙에 대해 알고 있는 내용, 반복 규칙을 본 경험을 생각해 봅시다.

📖 글을 이해하며 읽어 봅시다.

• 반복되는 규칙에 대해 정리해 봅시다.

| 반복되는 부분인 규칙의 ( )을 안다. | ➡ | |

규칙 1.

★☆☆★☆☆★☆☆★☆☆★☆☆★☆☆★☆☆★☆☆★☆☆

100번째 올 그림은 무엇일까요? 어떻게 알 수 있을까요?

규칙 2.

AABAAABAAABAAABAAABAAABAAABAAABAAABA( )

999번째 올 그림은 무엇일까요? 어떻게 알 수 있을까요?

📖 우리 생활에서 반복되는 규칙을 자주 사용하는 까닭이 무엇일까요?

[문해력 수업 학습지: 반복 규칙으로 디자인하기]

 반복되는 규칙(국어, 수학, 미술)

날짜:
___반 ___번 _____

주제를 정해 반복되는 규칙으로 디자인해 봅시다.

디자인 1 주제:	디자인 2 주제:
반복되는 규칙:	반복되는 규칙:
디자인 3 주제:	디자인 4 주제:
반복되는 규칙:	반복되는 규칙:

4. 좋은 동기와 좋은 결과

관련 교과	국어, 도덕	주제	동기와 결과, 철학
관련 내용	토의하기, 의견을 나타내는 글(주장하는 글) 쓰기, 윤리적 성찰		
활용 도서	『EBS 철학 학교 1 열 살에 시작하는 재미있는 철학 수업!』 EBS <스쿨랜드 철학> 제작팀 글, 이지후, 지우 그림, 가나출판사		
글 제목	좋은 동기와 좋은 결과, 뭐가 더 중요할까?(동기와 결과)		

글을 읽고 생각하는 수업, 생각을 글로 풀어 쓰는 수업을 하는 것은 참 즐겁습니다. 글에 나타난 아이들의 생각을 통해 배움을 얻기도 하며, 아이들의 읽고 쓰는 능력과 생각하는 힘이 조금씩 성장하는 데서 뿌듯함을 느끼기도 합니다.

좋은 동기와 좋은 결과에 대해 생각하며 간단한 글로 정리하는 시간을 통해 문해력 수업의 이런 장점을 제대로 경험해 볼까요? 동기와 결과가 모두 좋은 것이 최고겠지만, 이 둘이 항상 좋을 수만은 없습니다. 동기와 결과 중 어떤 것에 더 가치를 두는 삶을 살아야 한다고 보는지 생각하는 시간을 가져 보세요.

♥ 문해력을 기르는 활동

[읽기] 글을 읽기 전, 노벨의 다이너마이트와 구텐베르크의 금속활자에 대해 알고 있는 내용을 떠올려 정리합니다. 이 두 가지가 글의 주제인 「좋은 동기와 좋은 결과」와 어떤 관련이 있을지 생각하는 질문을 할 수도 있습니다.

글을 읽으며 노벨이 다이너마이트를 발명한 동기와 결과, 구텐베르크가 금속활자를 발명한 동기와 결과를 정리합니다. 이때 글을 읽는 목적을 생각하며 글을 읽도록 합니다. 이 글을 읽는 목적을 고려했을 때, 다이너마

좋은 동기의 좋은 결과

날짜:

___반 ___번 _____

📚 책(글의 제목)

┌─────────────────────────────────┐
│   │
└─────────────────────────────────┘

📚 노벨의 다이너마이트, 구텐베르크의 금속활자에 대해 알고 있는 내용을 적어 봅시다.

📚 글을 이해하며 읽어 봅시다.

• 노벨이 다이너마이트를 발명한 동기와 결과를 정리해 봅시다.

[동기] ➡ [결과]

• 구텐베르크가 금속활자를 발명한 동기와 결과를 정리해 봅시다.

[동기] ➡ [결과]

📚 어떤 일을 할 때, 동기가 중요할까요? 결과가 중요할까요? 내 생각과 그렇게 생각하는 까닭을 적어 봅시다.

이트와 금속활자가 만들어진 과정을 구체적으로 정리할 필요는 없습니다. 이번 글의 경우 다이너마이트와 금속활자의 발명 과정을 배우기 위해 읽는 것이 아니기 때문입니다. 글을 읽는 목적을 알아본 뒤 어떤 내용에 집중하여 읽어야 할지 함께 이야기를 나눠보는 것도 좋겠죠.

[쓰기] 좋은 동기와 좋은 결과 중 어떤 것이 더 중요하다고 생각하는지, 그렇게 생각하는 까닭이 무엇인지 글로 써봅니다. 둘 중 어느 것이 정답이라고 할 수는 없지만, 나와 생각이 다른 사람을 설득하는 글을 쓰는 게 중요하다고 알려주세요. "나와 생각이 다른 사람을 설득하려면 어떻게 해야 할까요?"와 같은 질문을 하며, 더 좋을 글을 쓸 수 있게 돕습니다. 그리고 아이들 스스로 쓴 글을 읽은 뒤, 자신과 반대 의견을 가진 사람을 설득할 수 있는 글인지 평가하게 해봅니다.

5. 자율주행차

관련 교과	국어, 실과	주제	수송 기술, 교통수단
관련 내용	수송 기술과 생활, 교통수단의 발달과 생활 모습		
활용 도서	『신문이 보이고 뉴스가 들리는 인공지능 이야기』 송준섭 글, 우지현 그림, 가나출판사		
글 제목	스스로 달리는 자동차 시대가 곧 온다고?		

아이들이 살아갈 미래 시대에는 지금과 다른 문제들이 나타날 것입니다. 그렇기에 앞으로 생길 수 있는 문제를 예측하여 해결할 수 있는 능력을 길러야 합니다. 책을 읽으며 미래 과학 기술의 발전에 대해 알아보고, 이로 인해 생길 수 있는 문제를 찾아 해결하는 활동을 해볼까요?

옛날 과학 상상화 그리기 대회에서나 만났던 운전자 없이 달리는 자동차를 만날 날이 곧 다가올 것 같습니다. 자율주행차 개발을 위해 곳곳에서 노력하고 있죠. 아이들이 살아갈 시대에는 자율주행차를 자연스럽게 여길 수도 있습니다. 자율주행차가 있으면 인간의 생활이 편해지긴 하겠지만 이로 인한 문제도 발생할 것입니다. 『스스로 달리는 자동차 시대가 곧 온다고?』 글을 읽고 자율주행차가 무엇인지, 이로 인해 어떤 문제가 생길 수 있는지 생각하는 시간을 가져 봅시다.

♥ 문해력을 기르는 활동

[읽기] 자율주행차가 무엇인지, 자율주행차에 어떤 기술을 사용했는지 알아보며 글을 읽습니다. 이때 그림을 참고하여 글을 읽으며 내용을 쉽게 이해할 수 있도록 합니다. 자율주행차를 이해하는 데 그림이 어떤 도움을 주었는지 이야기를 나누고, 그림이 읽기에 긍정적인 영향을 준다는 사실을 알 수 있게 합니다.

자율주행차를 바라보는 다양한 관점에 대해 정리하며 글을 읽습니다. 자율주행차를 긍정적으로 바라보는 관점도 있지만, 부정적으로 바라보는 관점도 있죠. 과학 기술이 올바른 길로 나아가기 위해서는 과학 기술의 긍정적인 면과 부정적인 면을 모두 바라볼 수 있어야 합니다. 글을 읽고 자율주행차의 좋은 점과 문제점을 정리하며 과학 기술이 어떤 방향으로 나아가야 하는지 생각해 봅니다.

[쓰기] 자율주행차와 인간이 운전하는 차 중에 어떤 것이 더 안전하다고 생각하는지 글로 써 봅니다. 두 차의 좋은 점과 문제점을 정리한 뒤 하나를 선택하여 그것이 안전하다고 생각한 까닭을 씁니다. 그리고 쓴 글을 서로 나누는 시간을 가집니다. 생각이 모두 같을 수는 없다는 점, 상대방

을 설득하려면 탄탄한 논리와 근거를 갖추어야 한다는 점을 배울 수 있게 해주세요.

자율주행차로 인해 생길 수 있는 문제를 어떻게 해결할 수 있을지 글로 써 봅니다. 자율주행차로 인해 생길 수 있는 문제점과 해결 방법을 그래픽 오거나이저에 정리한 뒤 글로 쓰게 해보세요. 이때 해결 방법을 그림과 함께 설명하도록 해도 좋겠죠. 그림이 글의 내용을 더욱 잘 이해하게 해준다고 배운 것을 글쓰기 상황에 적용하게 해봅니다.

6. 지도 읽기

관련 교과	사회	주제	지도
관련 내용	지도 개념, 지도의 요소		
활용 도서	『지도는 보는 게 아니야, 읽는 거지!』 김향금 글, 방정화 그림, 토토북		
글 제목	지도는 보는 게 아니야, 읽는 거지!		

중학년이 되면 사회 시간에 지도에 대해서 배우는데, 생각보다 이 내용이 쉽지는 않습니다. 지도를 이해하려면 기호를 해석할 수 있어야 합니다. 방향 감각이 필요하고 지도에 나타난 모습과 실제 모습의 차이점도 알아야 합니다. 게다가 지도에서 사용하는 방위, 축척, 등고선 같은 말도 알아야 하죠. 그렇기에 지도에 대해서 처음 배울 때는 쉬우면서도 친절한 안내가 담긴 글을 읽으면 좋습니다.

이 책은 지도에 대해 알려주는 비문학 성격을 띤 그림책입니다. 그림이 많고 글이 적어 글 일부만 읽기보다 책 전체를 읽어나가며 활동해도 됩니다. 다만 이야기책처럼 기승전결이 있는 것은 아니라서 재미와 즐거움을 추구하며 읽기에는 어려움이 있을 수 있습니다. 이 책은 재미를 느끼며 읽는 목적보다 지도에 대해 알기 위해 읽으려는 목적이 더 강합니다. 그래서 책 한 권을 다 읽는 것을 목표로 정하더라도 여러 번에 나누어 읽고 그날 읽은 내용을 잘 이해할 수 있도록 활동을 구상하는 것을 권장합니다.

♥ 문해력을 기르는 활동

[읽기] 이 책은 지도에 대해 알려주는 글을 모아놓은 구성으로 되어 있습니다. 그래서 다른 비문학 책처럼 각각의 글에 제목이 있습니다. 「동서남북 4방향과 8방향!」, 「축척에 따라 땅 모양이 작게, 더 작게 줄어들었네!」와 같이 말이죠. 비문학 글을 읽을 때는 제목을 통해 이 글이 어떤 내용을 담고 있는지 유추할 수 있어야 합니다. 그래야 자신에게 필요한 글을 찾아 읽을 수 있습니다. 글의 제목을 보고 어떤 내용일지 생각하며 읽도록 안내해 보세요.

지도에는 방위, 축척, 등고선 등 익숙하지 않은 개념들이 나옵니다. 그래서 지도 공부에 부담을 느끼는 아이들이 많죠. 이 글을 읽는 동안 지도와 관련된 개념을 잘 배울 수 있게 해주세요. 개념에 대해 아이들이 이해할 수 있는 말로 이야기해주고, 실제 지도에서 이런 개념들이 적용되는 여러 가지 사례를 보여주세요. 지도와 관련된 개념들이 일견 단어(sight word)가 될 수 있게 도와야 합니다.

[쓰기] 지도와 관련된 개념을 공책에 정리하고, 이것이 실제 지도에 어떻게 적용되어 있는지 설명해 봅니다. 마을 지도를 공책에 붙이고 방위표에 대한 설명과 함께 학교의 위치 적기, 학교 근처 산의 높이가 지도에 어떻게 표현되었는지 설명하기와 같은 쓰기 활동을 할 수 있습니다. 이를 통해 지도를 읽을 때 알아야 할 개념이 일견 단어가 되었는지 확인할 수도 있죠.

지도를 활용한 경험을 글로 쓰는 시간을 가져 봅니다. 글을 읽고 배운 점을 활용한 경험에 대해 글로 쓰면 읽기가 실제 삶에 어떻게 도움이 되는지 알 수 있습니다. 읽기 활동이 앎에서만 그치지 않게 해주세요.

글을 읽고 알게 된 내용을 현실에서 적용해 본 일에 대해 글로 쓴 아이들을 충분히 칭찬하고 격려해 주세요. 배운 내용을 삶에 적용하고 이것을 글로 쓰는 일이 쉽지 않기 때문입니다. "글을 읽고 배운 내용을 이렇게 활용했구나! 지혜롭게 잘 활용했는걸!", "글을 읽고 배운 내용을 글로 썼구나! 이 글을 읽은 다른 사람들에게도 도움이 되겠어!"처럼 아이들이 힘들게 수행한 활동이 긍정적인 결과로 이어진다는 점을 알려주세요.

[지도에 관한 글 읽고 공책 정리하기]

◎ 지도의 특징
• 실제를 작게 줄여서 표현
• 기호로 표시
• 하늘에서 내려다 본 모습
  → 한눈에 볼 수 있음

◎ 지도를 읽으려면 알아야 할 것
• 방향, 방위 (동 서 남 북)
• 축척 - 실제 거리 알 때 사용
• 등고선
• 기호

7. 환경보호

관련 교과	과학, 창체	주제	환경보호, 생태
관련 내용	환경을 보호하는 방법 알기		
활용 도서	『내가 조금 불편하면 세상은 초록이 돼요』 김소희 글, 정은희 그림, 토토북		
글 제목	• 일회용품을 쓰지 않아요 • 냉장고 문을 자꾸 열지 않아요		

최근 환경교육이 매우 강조되고 있습니다. 환경오염으로 인한 피해가 점점 늘어나고 있으며, 결국 인간의 생존까지 직결된 문제가 되었습니다. 그렇기에 환경교육을 강조하는 것은 당연합니다.

환경교육을 하고는 싶은데 막상 하려고 하면 어떤 자료를 활용해야 할지, 어떤 활동을 해야 할지 고민이 많이 됩니다. 교과서에 환경에 관한 내용이 나오기는 하지만 이것만으로는 턱없이 부족하다는 느낌이 들기도 합니다. 문해력 수업은 이런 문제에 대한 해결책을 제시해 줍니다. 환경이 사회적인 이슈로 떠오르면서 아이들을 대상으로 한 환경 관련 책이 많이 나오고 있습니다. 수업에 사용하기 좋은 책을 선택하여 아이들과 함께 읽는 것도 좋겠죠.

『내가 조금 불편하면 세상은 초록이 돼요』 책은 이야기 글과 같은 방식을 취하지만 환경을 보호하기 위해 할 수 있는 일을 설명하는 글에 가깝습니다. 초등 아이들의 경우 이야기 글에 좀 더 친근함과 재미를 느끼기에 설명하기의 목적을 가진 글이더라도 이야기 방식을 취하는 경우가 있습니다. 어떤 지식이나 대상에 대해 설명만 하는 글에 재미를 느끼지 못하는 아이들이 종종 있습니다. 읽기 수준이 높지 않은 아이들은 이런 글에 거부감이 들기도 하죠. 이럴 때는 이 책처럼 이야기 방식을 취한 비문학 글을 읽어주는 것도 좋습니다.

이 책의 차례에는 환경보호를 위해 할 수 있는 여러 가지 일들이 나와 있습니다. 아이들과 함께 차례를 살펴본 뒤 관심이 가는 글을 선택하여 읽어 보세요.

♥ 문해력을 기르는 활동

[읽기] 글을 읽기 전, 환경과 관련된 배경지식을 떠올립니다. 환경보호와 관련된 경험이나 지식을 떠올리고 이야기를 나누며 배경지식을 활성화합니다. 이어서 인과 관계를 정리하며 글을 읽습니다. 무엇 때문에 환경오염이 일어나는지, 그리고 환경오염이 인간 삶에 어떤 영향을 미치는지 정리해 봅니다.

책에서 제안한 내용 중 내가 실천할 수 있는 일을 찾아봅니다. 그리고 생활 속에서 그 일을 실천할 수 있도록 격려하는 시간을 가집니다. 읽기를 통한 배움이 삶으로 연결되게 해주세요.

[쓰기] 환경보호를 주제로 아이들의 학년과 수준을 고려한 글쓰기를 해 봅니다. 환경보호는 초등 아이들에게 친근한 주제입니다. 그렇기에 어떤 학년이든 글쓰기의 주제로 제안하기 좋습니다. 환경과 관련된 책을 읽고, 글을 쓰는 활동으로 이어간다면 더욱 좋은 글을 쓸 수 있겠죠.

쉬운 수준에서는 환경보호를 위해 할 수 있는 일을 한 문장으로 쓰고 그 일을 그림으로 표현하기, 미니북을 만들고 환경보호를 위해 할 수 있는 일을 짧은 글로 쓰기를 할 수 있습니다. 환경보호를 위해 할 수 있는 일을 여러 개의 문장으로 써보며 열거 방법을 익힐 수도 있겠죠.

글쓰기에 익숙하다면 환경보호를 주제로 주장하는 글을 씁니다. 논설문을 쓸 수도 있지만, 이것이 어렵다면 편지 쓰기를 할 수도 있습니다. 주변의 친근한 대상에게 환경보호를 위해 노력하자는 내용이 담긴 일종의 설득하는 편지를 쓰는 것이죠. 편지를 읽는 사람이 환경을 보호하기 위한 일을 실천해야겠다는 생각을 할 수 있게 글을 써야 함을 짚어 주세요.

8. 과학적으로 관찰하기

관련 교과	과학	주제	관찰
관련 내용	과학자처럼 관찰하는 방법 알기		
활용 도서	『사소한 구별법』 김은정 글·그림, 한권의책		
글 제목	꽃만 있으면 진달래, 잎과 꽃이 함께 있으면 철쭉		

주변에 비슷해 보이지만 알고 보면 다른 것들이 많이 있습니다. 해달과

수달, 도롱뇽과 도마뱀, 노루와 고라니 등 말이죠. 별 차이 없어 보이는 것들에서 차이를 찾으려면 대상을 잘 관찰해야 합니다. 어떤 존재에 대한 관심은 관찰하기에서부터 시작하는 것일지도 모릅니다. 어떤 것을 관찰하는 과정을 통해 그 대상에 대해 더 잘 알 수 있기 때문입니다.

관찰을 잘하는 사람은 타인이 놓칠 수 있는 문제를 발견할 수 있습니다. 세상이 발전하기 위한 첫 시작은 문제를 발견하는 것입니다. 어떤 상황을 문제로 인식하고 이를 해결하기 위한 방법을 찾으며 세상이 발전하니까요.

이 책을 읽으면 비슷해 보이지만 다른 동식물을 어떻게 구별할 수 있는지 알 수 있습니다. 이를 통해 세심한 관찰이 무엇인지 배울 수도 있죠. 또한 다양한 동식물이 나와서 과학 시간에 활용하기 좋습니다.

♥ 문해력을 기르는 활동

[읽기] 글을 읽기 전에 진달래와 철쭉 사진을 보고 비슷한 점과 차이점을 찾아봅니다. 비교와 대조 형식의 그래픽 오거나이저를 제공해도 좋습니다. 글을 읽으며 새롭게 알게 된 내용을 정리합니다. 꽃이 피는 모습, 꽃 피는 시기와 같이 눈으로만 봤을 때는 알 수 없는 내용까지 글을 통해 배울 수 있습니다. 눈으로 관찰한 것에 글을 통해 알게 된 것이 더해지면 더욱 깊이 있는 배움이 일어난다는 점을 알게 해주세요.

[쓰기] 글을 읽고 알게 된 내용을 다른 사람에게 알려주는 글을 써봅니다. 도화지에 진달래와 철쭉 그림을 그리고, 비슷한 점과 차이점을 한눈에 알아보기 쉽게 정리하여 쓰는 활동을 해보세요.

조사 과제를 할 때 검색해서 나온 내용을 그대로 옮겨 쓰는 아이들이 많이 있습니다. 다른 사람의 글을 그대로 옮겨 쓰는 것은 배움에 도움이 되지 않습니다. 아이들의 읽기 수준에 비해 높은 수준의 글을 그대로 옮겨 쓰는 것은 더더욱 도움이 되지 않겠죠. 조사한 내용을 글로 쓸 때는「글 읽기 – 글의 의미 이해하기 – 자신이 이해한 말로 글쓰기」과정을 거쳐야 합니다. 이 글을 읽고 이러한 과정을 경험할 수 있게 해볼까요?

글에 나오지 않은 두 개의 사물을 골라 비교하는 글을 쓰는 활동을 통해 조사한 내용을 글로 쓰는 연습을 할 수 있습니다. 이때는 두 개의 사물이 꼭 비슷하지 않아도 됩니다. 두 사물이 너무 비슷하면 비교하는 일 자체가 어려울 수 있기 때문입니다. 사물들을 자세히 관찰하며 쓸 내용을 정리하고, 이들과 관련된 글을 찾아 읽습니다. 글에 나온 내용 중 관찰만으로는 알 수 없었던 점을 추가하여 정리한 뒤 자신이 이해한 말로 글쓰기를 합니다.

9. 공공 기관

관련 교과	사회	주제	공공 기관
관련 내용	공공 기관의 개념 / 공공 기관인 것과 아닌 것		
활용 도서	『출동! 도와줘요 공공 기관』		
글 제목	백화점은 공공 기관일까, 아닐까?		

사회 수업을 하다 보면 아이들이 헷갈리기 쉬운 개념이 나옵니다. 이런 개념의 의미를 잘 알 수 있도록 문해력 수업을 해보세요. 개념을 쉽고 자세하게 설명한 글을 읽으면 그 의미를 더욱 잘 이해할 수 있습니다.

어려운 개념을 이해하기 위해 다른 책을 찾아 읽는 경험은 자기 주도 학습 능력을 기르는 일과도 관련이 됩니다. 교과서를 읽으며 스스로 공부하다가 잘 모르는 내용이 나왔을 때 다른 책을 통해 보충할 수 있음을 배울 수 있기 때문입니다.

　사회 시간에 배우는 공공 기관은 헷갈리기 쉬운 개념 중 하나입니다. 아이들에게 주변에서 공공 기관인 것을 찾아보자고 하면 틀릴 때가 있죠. 이럴 때 공공 기관에 대해 쉽고 자세하게 풀어 쓴 글을 활용하여 문해력 수업을 하면 좋습니다.

♥ 문해력을 기르는 활동

　[읽기] 먼저 「백화점은 공공 기관일까, 아닐까?」라는 제목을 보고 답을 예상해 봅니다. 그렇게 생각한 까닭과 함께 말이죠. 이를 통해 공공 기관에 대해 어느 정도로 알고 있는지 확인할 수 있습니다. 백화점을 공공 기관이라고 예상해도 괜찮습니다. 예상과 다른 답이 나오면 그 내용을 더욱 잘 기억할 수 있기 때문입니다. 예상한 답이 틀려도 괜찮다는 것을 아이들에게 알려줘도 좋겠죠.

　본문을 읽다가 질문이 나오면 답을 생각한 뒤 다음 문장을 이어서 읽게 해보세요. 글을 읽는 중 「병원은 보건소와 비슷한 일을 하는데 왜 공공 기관이 아닐까요?」라는 질문이 나오면 잠깐 멈춰서 답을 해본 뒤 다음 문장을 읽는 것입니다. 이렇게 하면 공공 기관에 대해 이해하고 있는지 스스로 점검하며 글을 읽을 수 있습니다. 생각했던 답과 본문의 내용이 다를 때는 그 부분을 복습하여 제대로 이해하고 넘어가야 함을 알려주세요.

　글을 읽은 후에는 이 글에서 중요한 내용이 무엇이었는지 생각해 봅니다. 그리고 글을 읽기 전과 후에 어떤 차이가 생겼는지 이야기를 나눕니다. '백화점이 공공 기관인지 아닌지 헷갈렸는데, 이 글을 읽고 공공 기관이 아니라는 것을 정확하게 알게 되었다', '이 글을 읽고 나라에서 운영하면서 돈을 버는 기업이 있다는 사실을 알았다' 등 아이들이 다양한 이야기를 할 수 있게 해주세요. 비문학 글을 읽는 것이 그다지 재미있는 일은 아니지만 배움을 위해서 해야 하는 일임을 느낄 수 있게 말이죠.

[쓰기] 글을 읽고 중요한 내용, 새롭게 알게 된 내용을 중심으로 공책에 정리해 봅니다. 공공 기관인 것과 아닌 것의 공통점과 차이점, 공공 기관인 것과 아닌 것의 예, 공공 기관을 운영하는 방법을 기록하도록 안내합니다. 이것은 학습을 위한 쓰기에 해당하는 활동으로 이 과정에서 아이들은 이해한 것과 이해하지 못한 것을 발견해야 합니다. 처음에는 글을 다시 읽지 않고 혼자만의 힘으로 쓰게 해보세요. 그리고 쓰기 어려웠던 내용은 글에서 찾아 정리하게 하되, 자신의 것으로 만들기 위해 복습해야 할 부분임을 알려주세요.

[공공 기관 글 읽고 공책 정리하기]

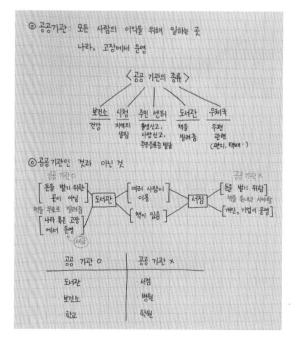

VII

신문 기사로
문해력 수업하기

문해력 수업에 기사를 활용하면 교과서와 책만으로는 부족한 부분을 채워줄 수 있습니다. 교과서와 책은 그것이 쓰인 시점에의 이야기를 담고 있습니다. 오래된 책이나 교과서의 경우 현재의 이야기와는 다소 동떨어진 내용이 나올 수 있죠. 반면에 신문 기사는 최신의 이야기를 담고 있습니다. 교과서와 책이 가지고 있는 한계를 보완해 줄 수 있는 자료이죠. 문해력 수업에서 기사를 활용하면 어떤 점이 좋은지 구체적으로 살펴보겠습니다.

기사에는 여러 분야의 글이 실려 있습니다. 우주, 환경, 물리, 생명과 같은 과학 분야 이야기도 있고, 정치, 경제, 문화, 역사 등 사회 분야 이야기도 있습니다. 그래서 다양한 분야의 이야기를 접할 수 있고, 관심 영역을 넓히는 데도 도움을 줍니다.

아이들의 배경지식을 넓혀줄 수 있습니다. 환경 문제의 심각성, 과학 기술 연구 현황, 코로나19로 인한 생활 모습의 변화 등 기사에서 다루어지는 내용이 아이들의 배경지식이 됩니다. 이는 문해력 신장과 교과 학습에 긍정적인 영향을 줍니다.

어린이를 독자층으로 한 신문이나 잡지에 나오는 기사는 글이 짧습니다. 글이 간결하고 명확하여 내용을 이해하며 읽는 연습을 하기 좋습니다.

신문 기사에는 어려운 어휘와 시사 용어가 나옵니다. 기사의 맥락을 통

[문해력 수업을 위해 기사를 활용하면 좋은 점]

◎ 다양한 분야의 글을 접할 수 있다.
◎ 배경지식을 넓혀줄 수 있다.
◎ 글이 간결하고 명확하여 내용을 이해하며 글을 읽는 연습을 하기에 좋다.
◎ 어려운 어휘와 시사 용어가 나와 어휘력을 기를 수 있다.
◎ 현시대의 이야기가 담겨 있다.

해 의미를 짐작하거나 사전에 나온 뜻을 찾으며 몰랐던 어휘에 대해 배울 수 있습니다. 최근 등장한 시사 용어의 경우 기사에서 직접 뜻을 알려주기도 합니다. 이를 통해 어휘력과 문해력을 기를 수 있죠.

기사에는 현시대에서 중요하게 생각하는, 사람들 사이에 이슈라고 생각하는 내용이 담겨 있습니다. 아이들의 삶과 관련성이 깊은 공부를 가능하게 하여 배움에 대한 동기를 높일 수 있죠. 그리고 사회에서 일어나는 일에 관심을 가지게 하여 좀 더 넓은 관점에서 세상을 볼 수 있게 해줍니다.

1. 펀슈머 마케팅

관련 교과	사회	주제	경제활동에서 생길 수 있는 문제 파악하기
관련 내용	• 경제활동에서 선택의 문제 • 시장, 생산, 소비		
참고 기사	우유를 똑 닮은 바디워시? 소비자 헷갈리게 하는 위험한 협업, 《어린이동아》, 2021년 6월 2일 기사		

펀슈머 마케팅은 최근 경제활동 과정에서 나타난 현상입니다. 재미와 소비를 모두 잡게 해주는 펀슈머 마케팅을 통해 소비자는 물건을 사며 즐거움을 느낄 수 있고, 생산자는 더 많은 제품을 팔 수 있습니다. 생산자와 소비자의 만족도를 모두 높일 수 있는 전략이죠. 하지만 이런 펀슈머 마케팅이 과해지면서 새로운 문제를 낳고 있습니다. 먹으면 안 되는 물건을 닮은 음식, 음식과 비슷한 모양이지만 먹으면 안 되는 제품이 나오면서 말이죠. 이 기사를 읽으며 바람직한 소비란 무엇인지 생각하는 시간을 가져 봅시다.

♥ 문해력을 기르는 활동

[읽기] 글을 읽고 다양한 사람들의 입장이 되어 펀슈머 마케팅에 대한 생

[문해력 수업 학습지: 펀슈머에 대한 생각을 글로 쓰기]

📖 식품 모방 제품(펀슈머)에 대한 내 생각을 정리해 봅시다.

찬성	반대

(찬성 / 반대) 하는 까닭
나와 생각이 다른 사람들의 의견에 대해 할 수 있는 말(대책이나 대안, 반론 등)

📖 식품 모방 제품(펀슈머)에 대한 내 생각을 간단한 글로 써 봅시다.

저는

[논설문 쓰기와 기사 읽기 연계하여 교육하기]

논설문 쓰기는 기사 읽기와 연계하여 교육하기 좋습니다. 아이들의 수준을 고려하여 다음과 같은 순서대로 차근차근 지도해 보세요.

• 기사 읽고 생각이나 느낌 말하기
• 기사 읽고 중요한 내용을 중심으로 요약한 뒤 생각이나 느낌 말하기
• 기사에 나온 내용과 관련하여 내 의견과 까닭 말하기(말하는 것이 익숙해지면 쓰기)
• 기사 읽고 논설문 쓰기

각을 말해 봅니다. 안전을 중시하는 소비자의 입장, 펀슈머 마케팅을 좋아하는 소비자의 입장, 펀슈머 마케팅을 하는 생산자의 입장에서 펀슈머 마케팅에 대한 의견을 말해 보는 것입니다. 어떤 문제를 다양한 관점에서 바라보면 그 상황에 대해 더 잘 이해할 수 있습니다. 그리고 자신의 관점을 정립하는 데도 도움이 됩니다.

[쓰기] 펀슈머 마케팅에 대한 의견과 까닭을 글로 씁니다. 이때 자신과 생각이 다른 사람들의 의견에 대해 어떤 말을 할 수 있을지 생각하여 쓸 내용을 정리합니다(대책, 대안, 반론 등). 그리고 이렇게 정리한 내용을 토대로 의견이 드러나는 글을 씁니다.

국어 시간에 논설문을 배운다면 이를 주제로 한 글을 쓸 수도 있겠죠. 최근 펀슈머 마케팅으로 인한 논란이 있다는 것을 시작으로 펀슈머 마케팅에 대한 의견과 이를 뒷받침할 수 있는 근거를 서론-본론-결론 구조에 맞춰 써 봅니다.

2. 에코백 사용

관련 교과	사회	주제	환경 문제
관련 내용	• 경제활동에서 선택의 문제 • 시장, 생산, 소비		
참고 기사	에코백은 정말 환경을 지키고 있을까?, 《어린이조선일보》, 2021년 9월 10일 기사		

좋다고 생각했던 것이 알고 보니 그렇지 않은 경우가 있습니다. 그렇기에 무조건 긍정적으로만 어떤 현상을 바라보는 것은 바람직하지 않습니다. 비판적인 시각과 함께 바라봐야 합니다.

환경보호를 위해 제작된 에코백이 오히려 환경에 안 좋은 영향을 주고 있다는 내용의 기사를 읽어 볼까요? 환경에 대해 좀 더 민감한 시각을 가져야 함과 동시에 비판적 시각이 중요함을 배울 수 있습니다.

♥ 문해력을 기르는 활동

[읽기] 기사를 읽기 전에 에코백과 관련된 경험과 지식을 떠올립니다. 에코백을 사용했던 경험, 집에 있는 에코백의 종류와 개수, 에코백이 사회에 등장한 까닭에 관한 이야기를 나누어 보세요.

글을 읽은 뒤 에코백과 환경 문제에 대해 새롭게 알게 된 점을 정리합니다. 대부분 에코백은 환경에 긍정적인 영향을 주고 있다고 알고 있습니다. 그렇기에 에코백이 환경에 안 좋은 영향을 줄 수 있다는 사실을 알고 놀라기도 합니다. 글을 읽기 전후 인식의 차이를 비교하며 비판적 사고가 중요함을 알려주세요.

[쓰기] 에코백을 잘 사용하자는 것을 주제로 글을 써 봅니다. 에코백이 환경에 안 좋은 영향을 줄 수도 있지만 그렇다고 절대적으로 나쁜 것은 아닙니다. 그렇기에 '환경보호를 위해 에코백을 어떻게 사용해야 할까?'라는 질문에 대한 답을 하며 글을 쓰도록 합니다.

3. 그루밍 쇼를 위해 염색한 반려견

관련 교과	사회	주제	생명 존중
관련 내용	• 생명 존중		
참고 기사	'그루밍 쇼'를 위해 염색한 반려견들, "동물 학대" vs "예술의 영역", 《어린이동아》, 2021년 9월 6일 기사		

　최근 동물의 권리에 대한 이슈가 많이 나오고 있습니다. 애완동물이라는 말 대신 반려동물이라는 말 사용하기, 화장품 실험에서 동물 테스트 반대하기 등 동물의 권리를 존중해야 한다는 움직임이 늘어나고 있습니다. 이 기사를 읽으며 동물의 권리와 생명 존중에 대해 생각하는 시간을 가져봅시다.

♥ 문해력을 기르는 활동

　[읽기] 기사 제목을 보고 내용을 짐작해 봅니다. 제목에 나온 그루밍 쇼라는 말이 생소하게 느껴지지만, '염색', '반려견', '동물', '예술'이라는 말을 통해 그 의미를 짐작할 수 있습니다.

　기사 내용과 사진이 어떤 관련이 있는지 생각하며 읽습니다. 반려견들의 사진을 보면 어느 정도로 염색했는지 명확하게 알 수 있죠. 기사를 읽을 때 사진을 참고하면 어떤 점이 좋은지 이야기를 나누어 봅니다.

　[쓰기] 반려견 염색에 대한 다양한 입장을 살펴본 뒤 생각을 정리하여 글로 씁니다. 반려견을 기르는 사람들, 반려견 염색약을 만드는 사람들, 그루밍 쇼를 주최하는 사람들에게 편지 쓰는 활동을 해보세요. 자신의 생각을 잘 전달할 수 있게 쓰되, 편지를 받는 사람에 따라 글의 내용이 달라져야 함을 알려주세요.

4. 자율주행 가능한 로봇트럭

관련 교과	실과	주제	수송 기술
관련 내용	• 수송의 개념 • 수송 수단, 수송 기술		
참고 기사	자율주행 가능한 로봇트럭, '꽉' 막힌 물류대란 해결할 구원 투수!, 《어린이동아》, 2021년 11월 17일 기사		

실과 시간에 수송과 수송 수단을 배운 뒤 미래의 수송 수단에 대해 상상하는 활동을 합니다. 이때 현재 수송 기술이 어느 수준까지 발전했는지 알아보면 미래의 수송 수단을 상상하는 데 도움을 줄 수 있습니다. 게다가 수송 기술의 발전이 단순히 교과서에만 나오는 이야기가 아니라 우리가 살아가는 시대의 이야기임을 알려줄 수도 있습니다.

♥ 문해력을 기르는 활동

[읽기] 기사를 읽고 육하원칙에 따라 정리한 뒤 요약해 봅니다. 기사문은 글이 짧고 육하원칙에 따라 내용이 깔끔하게 정리되어 있어서 요약할 때 부담이 적습니다. 그리고 육하원칙 중 '왜'에 해당하는 내용을 생각하며, 사람들이 수송 기술을 발전시키기 위해 노력하는 이유를 탐색할 수 있습니다.

[쓰기] 기사에 나온 현재 수송 기술 수준을 토대로 미래의 수송 수단에 대해 상상하여 글을 씁니다. 수송 기술이 발전해야 하는 까닭을 생각하며, 미래의 수송 수단을 상상하도록 안내하면 더 좋은 글을 쓸 수 있습니다.

글을 쓰면서 상상한 수송 수단을 그림으로도 표현해 봅니다. 현실에 없는 수송 수단이기에 그림이 없으면 글의 내용을 이해하기 어렵습니다. 글을 읽는 사람이 머릿속에 떠올리기 어려운 주제에 대한 글을 쓸 때 그림이나 사진을 잘 활용해야 함을 알려주세요.

5. 패션지, 모피 금지를 외치다!

관련 교과	사회, 과학, 실과, 창체	주제	자연 보호, 생명 존중, 의생활
관련 내용	• 생명 존중 • 동물을 소중히 여기고 보살피기		
참고 기사	패션지, 모피 금지를 외치다, 《어린이과학동아》, 2022년 3월호 기사		

사회가 변화하며 생명 존중에 대한 사람들의 인식이 달라지고 있습니다. 작은 동물의 생명까지도 존중해야 한다는 인식을 가진 사람들이 늘어나고 있죠. 사람들이 동물의 생명을 존중하기 위해 어떤 노력을 하고 있는지 알 수 있는 기사를 읽으며 생명 존중에 대한 마음을 다져봅시다.

♥ 문해력을 기르는 활동

[읽기] 이 기사를 읽을 땐 '왜 패션지에 모피 제품을 싣지 않기로 했는가?'에 대해 생각해야 합니다. 모피 금지가 생명 존중과 관련됨을 알아야 하기 때문입니다. 패션지에 모피 제품을 실으면 어떤 일이 생길 수 있을지 생각하며 원인과 결과 형식 그래픽 오거나이저에 정리합니다. 더불어 미디어에 실린 글이 세상에 미치는 영향이 크다는 사실을 알려주세요. 글을 쓸 때 책임감이 필요하다는 점을 배울 수 있습니다.

[쓰기] 글을 쓸 때 첫 문장 쓰기를 어렵게 생각하는 아이들이 많습니다. 이 기사는 "세상은 바뀌었고, 모피의 역사는 끝나고 있습니다"라는 '말'로 시작하고 있습니다. 글을 시작할 때 '말'을 사용하면 어떤 점이 좋은지 이야기를 나눕니다. 그리고 '말'로 첫 문장 쓰는 연습을 합니다. 글의 주제를 제시한 뒤 어떤 말로 글을 시작하면 될지 생각하는 시간을 가집니다. 글쓰기 과제를 할 때 첫 문장을 '말'로 해야 한다는 조건을 제시할 수도 있습니다.

이 기사에 우리나라는 아직 모피 거래가 활발히 이뤄지는 나라 중 하나라고 나옵니다. 이 문제를 해결하기 위해 설득하는 글을 쓸 수 있겠죠. 모피 대신 사용할 수 있는 제품을 대안으로 제시하며 글을 써봅니다.

6. 코로나로 인한 생활 모습의 변화

관련 교과	사회, 미술, 실과	주제	사회 변화, 디자인, 주생활
관련 내용	• 생활 모습의 변화 • 생활 속에서 다양하게 사용되는 미술 • 생활공간 관리		
참고 기사	코로나 '집콕' 늘자… 집 꾸미기에 열광, 《어린이조선일보》, 2022년 4월 29일 기사		

코로나로 인해 생활 모습이 변했습니다. 재택근무, 온라인수업, 가상공간, 디지털 콘텐츠 소비 등 코로나 이전에는 눈에 띄지 않던 생활 모습이 나타났습니다. 이렇게 사회가 변화함에 따라 생활 모습이 달라집니다.

변화는 긍정적인 결과를 가지고 오기도 하지만 부정적인 결과를 가지고 오기도 합니다. 재택근무, 온라인수업이 공간을 초월한 활동을 가능하게 했다는 장점도 있지만, 일과 수업에 집중하기 어렵게 만들었다는 단점도 있죠. 이런 문제는 어떻게 해결할 수 있을까요?

기사를 읽으며 사회가 어떻게 변화하고 있는지, 이로 인한 문제점에 무엇이 있는지 알아봅시다. 그리고 친구들과 문제를 해결할 방법에 대해 의논하며 좋은 생각을 찾아봅시다.

♥ 문해력을 기르는 활동

[읽기] '사람들이 왜 집 꾸미기에 열광하고 있는가?' 질문에 답하며 사회 현상이 나타난 원인과 결과를 찾아봅시다. 「코로나로 인해 집에 있는 시간이

길어짐(원인) → 집 꾸미기에 관심이 늘어남(결과)」 이렇게 정리하며 읽으면 됩니다.

집 꾸미기에 관심이 늘어나서 생길 수 있는 문제점에 대해 생각해봅니다. 기존에 있던 가구나 소품을 버리고 새로운 가구나 소품을 사게 되면서 환경 문제가 발생합니다. 수입 가구를 많이 사면 우리나라 경제에 안 좋은 영향을 줄 수도 있죠. 문제점을 찾은 뒤에는 친구들과 함께 이를 해결할 방안을 찾아봅니다.

[쓰기] 집 꾸미기에 관심이 늘어나면서 생길 수 있는 문제점을 알리기 위한 글을 써 봅니다. 환경과 연결하여 글을 쓰는 것도 좋습니다. 환경오염은 아이들이 살아갈 시대에 가장 큰 문제일지도 모르니까요.

환경 문제가 우려되지만 그래도 집 꾸미기를 하고 싶은 사람들을 위해 「친환경적으로 집 꾸미는 방법」을 소개하는 자료를 만들어 봅니다. 모둠원과 의논하여 방법을 찾은 뒤 다른 사람들이 보기에 좋은 소책자를 만듭니다. 다른 사람이 볼 자료를 만들 때는 글씨체, 글씨 크기, 그림, 도표와 같은 형식을 고려해야 함을 알려주세요.

7. 화석을 통해 알 수 있는 점

관련 교과	과학	주제	화석
관련 내용	화석을 관찰하여 지구의 과거 생물 추리하기		
참고 기사	하늘 위의 지배자 '익룡', 알록달록한 깃털 가졌었다, 《어린이동아》, 2022년 4월 24일 기사		

교사는 가르치는 내용에 어떤 가치가 있는지 생각하고, 이러한 가치를 아이들에게 알려줘야 합니다. '지금 내가 이 공부를 왜 하고 있는가?', '지금 하

는 공부가 나와 사회에 어떤 영향을 주는가?' 질문에 답할 수 있는 아이들은 배움에 적극적으로 참여하기 때문입니다.

과학 시간에 배우는 내용의 가치를 알게 해주는 과학자의 연구를 소개하는 기사를 읽어봅시다. 화석에 대해 배울 때 화석과 관련된 연구가 어떻게 이루어지고 있는지, 화석을 연구하며 과학자들이 무엇을 발견했는지 알려주는 기사를 읽으면 좋겠죠. 이를 통해 화석에 대해 공부하는 일을 가치 있게 느낄 수 있습니다.

♥ 문해력을 기르는 활동

[읽기] 과학 시간에 배운 화석의 뜻, 화석을 통해 알 수 있는 점을 떠올린 뒤 기사를 읽습니다. 과학자들이 익룡의 화석을 통해 알게 된 점을 정리하며 실제로 화석을 연구에 활용하고 있음을 알게 해주세요.

기사에 어려운 어휘들이 나와 있어서 아이들이 읽기 어렵다고 느낄 수 있습니다. 글을 읽다가 어려운 말이 나왔을 때 대처하는 방법을 익힐 기회, 일견 단어를 만들 기회로 삼아 보세요. 글을 읽어주다가 어려운 어휘가 나왔을 때, 아이들에게 어떤 의미라고 생각하는지 물어본 뒤 쉬운 말로 뜻을 설명해주세요. 문해력 수업 전에 글을 살펴보며 학습할 어휘를 생각해 놓는 것도 좋습니다.

쉬운 글만 읽어서는 문해력을 높이기 어렵습니다. 아이들의 읽기 수준보다 조금 더 높은 수준의 글을 읽는 시간을 가져야 하죠. 시범 보이기, 쉬운 말로 설명하기, 그래픽 오거나이저 제공하기와 같은 도움을 주며 교사가 직접 어려운 글을 읽어주세요.

[쓰기] 어려운 글을 읽을 때는 글의 내용을 이해하는 일이 가장 중요하니

다. 읽은 내용을 글로 정리하는 활동을 제시해 보세요. 화석을 통해 익룡의 깃털이 알록달록하다고 추리한 과정을 그래픽 오거나이저에 정리해 봅니다.

좀 더 쉬운 수준에서는 「조개 화석을 발견한 날」을 주제로 상상하여 글을 쓰는 활동도 할 수 있습니다. 글쓰기 조건을 제시하고 이에 따라 글을 쓰게 해보세요. 「1) 가족들과 산에 놀러 가서 조개 화석을 발견함 2) 조개 화석을 통해 알 수 있는 점이 드러나게 상상 일기 쓰기」와 같은 조건을 제시하면 글쓰기 활동과 수업 내용을 잘 연계할 수 있습니다. 배운 내용을 잘 이해했는지 확인하는 평가 자료로 사용할 수도 있겠죠.

8. 멸종위기 야생동물 살리기

관련 교과	과학	주제	자연 보호, 생태계, 생명 존중
관련 내용	• 멸종위기 야생생물의 뜻과 종류 • 자연 보호와 생명 존중을 위한 노력		
참고 기사	'멸종위기 야생동물' 속속 우리 곁으로, 《어린이 한국일보》, 2022년 7월 21일 기사		

인간의 욕심으로 지구에 사는 많은 동식물이 사라지고 있습니다. '생물이 멸종하는 것이 나와 무슨 상관이 있는데요?'라고 생각할 수도 있습니다. 하지만 생태계에 대해 이해한다면 생물 멸종이 먼 나라 이야기가 아니라는 것을 알 수 있습니다. 생물들이 하나씩 사라지다 보면 어느 순간 생태계가 무너지고 인간에게도 영향을 주겠죠.

기사를 통해 멸종위기 야생동물을 살리기 위해 사람들이 어떤 노력을 하고 있는지 알아볼까요? 멸종위기 야생동물을 살리는 일은 생명 존중 측면에서도 가치 있습니다. 생태계 보호와 생명 존중의 관점에서 글을 읽고 생각하는 시간을 가져 봅시다.

♥ **문해력을 기르는 활동**

[읽기] 멸종위기 야생동물이 무엇인지, 이들을 살리기 위해 어떤 노력을 하고 있는지, 노력의 결과는 어떠한지 생각하며 글을 읽습니다. 장수하늘소, 붉은여우, 따오기, 황새를 살리기 위해 한 일을 그래픽 오거나이저에 정리한 뒤 글의 내용을 요약해 봅니다.

[쓰기] '지구에 동식물이 사라지면 어떻게 될까?' 상상하며, 멸종위기 야생생물을 살리는 일의 가치를 생각해 봅니다. 그리고 주변 사람들에게 사라져 가는 동식물을 살리기 위해 노력해야 한다고 알리는 글을 씁니다. 「1) 멸종위기에 놓인 동식물을 살려야 하는 까닭 쓰기 2) 생활 속에서 실천할 수 있는 일 제안하기」와 같은 조건을 제시하여 좋은 글을 쓸 수 있게 해주세요.

9. 물가 상승과 소비 생활

관련 교과	사회	주제	물가 상승
관련 내용	물가 상승에 따른 생활 모습의 변화		
참고 기사	오르는 물가에 아끼는 사람들, 《어린이동아》, 2022년 7월 24일 기사		

돈에 대해 부정적으로 생각했던 과거와 달리 요즘에는 돈을 잘 모으고 사용해야 한다는 인식이 강해지고 있습니다. 교실에서 학급경영을 통해 경제를 가르치는 사례도 많이 볼 수 있죠. 어린이를 대상으로 한 경제교육 책이나 기사도 많이 나오고 있습니다.

기사를 읽으며 물가 상승에 따라 생활 모습이 어떻게 달라지는지 알아볼까요? 당장 관리할 자산이 있지 않더라도 어렸을 때부터 경제 상황에 관심을 가지며 공부하는 일은 중요합니다. 아이들이 미래 자신의 삶을 잘 꾸려

나갈 수 있게 도와주세요.

♥ 문해력을 기르는 활동

[**읽기**] 물가가 높아지면서 사람들의 생활이 어떻게 변화했는지 정리하며 글을 읽어 봅니다. 생활 모습이 변하며 새롭게 등장한 어휘에 무엇이 있는지 찾아보고, 삶이 언어생활에 영향을 준다는 점을 배울 수 있게 해주세요.

이 기사에는 물가가 치솟는 이유가 무엇인지 명확하게 나와 있지 않습니다. 물가를 오르게 만드는 요인에 무엇이 있는지 다른 글을 찾아 읽어 볼까요? 글에 나오지 않은 내용을 알아보기 위해 다른 글을 찾아 읽으며 배움이 확장되는 경험을 할 수 있습니다.

[**쓰기**] 소비를 줄이는 것이 무조건 좋은 일만은 아닙니다. 사람들이 돈을 사용하지 않으면 시장이 어떻게 될지 생각해서 원인과 결과 형식의 그래픽 오거나이저에 정리한 뒤 글을 써 봅니다.

「내가 기업가라면 어떻게 할까?」를 주제로 글쓰기 활동을 하는 것도 재미있습니다. 회사에서 돈을 아끼려고 하는 사람들을 대상으로 사용할 수 있는 판매 전략에 대해 브레인스토밍을 합니다. 그리고 각 전략의 장단점을 분석한 뒤 하나를 선택하여 소개하는 글을 씁니다.

참고문헌

국어과 교육과정(교육부)
독서의 기술(모티머 J. 애들러 외. 범우사)
역량함양을 위한 교육과정 설계 이해를 위한 수업(김경자, 온정덕, 이경진. 교육아카데미)
현장 교사를 위한 효과적인 피드백 방법(Susan M. Brookhart. 학지사)

부록

부록 1. 문해력 기르는 교과서 읽기 루틴

수업 시간에 교과서를 읽을 때 문해력 기르기에 도움이 되는 읽기 방법을 적용해 보는 것은 어떨까요? 아래 소개하는 루틴을 참고하여 교과서 읽기를 해보세요.

교과	사회	단원	촌락과 도시의 특징
학습 목표	촌락 이해하기		

1. 읽기 전

1) 제목 보고 예상하기
「촌락은 어떤 곳일까요?」제목을 보고 어떤 내용의 글일지 예상합니다.
2) 연결하기
촌락이라는 용어를 보거나 들은 적이 있는지, 촌락에 간 적이 있는지, 촌락에 가서 무엇을 보고 어떤 일을 했는지 이야기를 나눕니다.

2. 읽기 중

1) 중요한 내용 찾기
글의 제목과 학습 목표를 생각하며 글을 읽고 중요한 내용을 찾습니다. 왜 이것이 중요하다고 생각하는지 이야기 나누기도 해보세요.
2) 질문하기
교과서를 읽는 중에 질문하기 좋은 문장이 나오면 잠깐 읽기를 멈춘 뒤 질문을 만듭니다. 「촌락은 지형, 날씨, 계절에 따라 생활 모습이 달라집니다」라는 문장을 읽고 멈춘 뒤 '지형, 날씨, 계절에 따라 생활 모습이 어떻게 달라지나요?'와 같은 질문을 만들 수 있겠죠. 아이들이 질문 만들기를 어려워하면 교사가 직접 질문을 해도 좋습니다. 그리고 글을 계속 읽으며 질문에 대한 답이 나오는지 확인합니다.
3) 점검하기
내용이 잘 이해되는지 점검하며 글을 읽습니다. 어려운 내용에는 '?' 표시를 하고, 읽기 후에 이 부분을 이해할 수 있도록 다시 글을 읽거나 선생님께 질문을 합니다.
4) 그림, 사진 살펴보기
농촌, 어촌, 산지촌의 사진을 글의 내용과 비교하여 살펴봅니다. 사진에서 찾을 수 있는 농촌, 어촌, 산지촌의 특징에 무엇이 있는지 이야기를 나눕니다.

3. 읽기 후

1) 요약하기
중요한 내용, 어려웠던 내용을 중심으로 공책에 요약하여 정리합니다.
2) 중요한 개념 정리하기
촌락, 농촌, 어촌, 산지촌의 뜻과 개념 사이 관계를 교과서를 보지 않고 이해한 말로 공책에 씁니다. 적기 어려웠던 내용은 교과서를 보며 복습합니다.
3) 더 알고 싶은 점 찾기
촌락에 대해 더 알고 싶은 점을 생각한 뒤 관련된 정보를 찾습니다.

교과	과학	단원	온도와 열
학습 목표	고체에서 열의 이동 이해하기		

1. 읽기 전

1) 제목 보고 예상하기
「고체에서 열은 어떻게 이동할까요?」 제목을 보고 어떤 내용의 글일지 예상합니다.
2) 연결하기
뜨거운 고체를 만졌던 경험이 있는지 떠올려 봅니다.

2. 읽기 중

1) 중요한 내용 찾기
글의 제목과 학습 목표를 생각하며 글을 읽으며 중요한 내용을 찾습니다. 고체에서 열이 이동하는 방법을 설명하는 문장이 나왔을 때 표시합니다.
2) 질문하기
「고체 물질의 한 부분을 가열하면 온도가 높아진 부분에서 주변의 온도가 낮은 부분으로 열이 이동합니다」라는 문장을 보고 '끊어진 고체에서도 이런 현상이 나타날까요?'와 같은 질문을 만듭니다.
3) 점검하기
내용이 잘 이해되는지 점검하며 글을 읽습니다. 어려운 내용에는 '?' 표시를 하고, 읽기 후에 이 부분을 이해할 수 있도록 다시 글을 읽거나 선생님께 질문을 합니다.
4) 그림, 사진 살펴보기
실험하는 방법을 설명하는 글과 함께 실험 도구와 순서가 나와 있는 사진을 살펴봅니다.

3. 읽기 후

1) 요약하기
중요한 내용, 어려웠던 내용을 중심으로 공책에 요약하여 정리합니다.
2) 중요한 개념 정리하기
'전도'의 뜻과 예를 공책에 정리합니다.(액체에서 열의 이동을 배운 뒤에는 '전도'와 '대류'의 개념을 비교·대조하여 정리해도 좋습니다.)
3) 더 알고 싶은 점 찾기
고체에서 열의 이동에 대해 더 알고 싶은 점을 생각한 뒤 관련 있는 정보를 찾습니다.

부록 2. 문해력 수업 설계 틀

문해력 수업을 계획할 때 활용할 수 있는 틀입니다. 효과적인 문해력 수업을 설계하는 데 도움이 되기를 바랍니다.

단원	
문해력 지도내용	
평가 과제	
알아야 할 것	
할 수 있어야 하는 것	
활동 구상 (쪼개기, 반복, 본보기, 활용할 텍스트, 다른 교과 연계)	

단원	국어: 중요한 내용을 요약해요
문해력 지도내용	요약하기
평가 과제	실제 학습 상황에서 글을 읽고 중요한 내용 요약하기
알아야 할 것	글에서 중요한 내용을 찾는 방법 요약하는 방법
할 수 있어야 하는 것	중요한 내용 찾기 중요한 내용을 중심으로 요약하기

활동 구상
(쪼개기,
반복, 본보기,
활용할 텍스트,
다른 교과 연계)
	교과서 글의 수준이 다소 높아 보이지만, 수업 시간에 교사와 함께 글을 제대로 읽는 경험을 하기에 적절한 것 같다.
	필요하다면 초반에 짧고 쉬운 글로 요약하는 활동을 제공하여, 쉬운 수준의 요약하기에서 어려운 수준의 요약하기로 나아가는 수업을 제공할 수도 있다.
	
	여러 가지 글을 읽고 요약하는 활동을 반복해서 한다. 이를 위해 따로 수업 시간을 빼기는 어려우므로 실제 수업 시간에 교과서를 읽고 요약하는 활동을 반복한다. 처음에는 주어진 그래픽 오거나이저에 요약하고, 이것에 익숙해지면 빈 공책에 요약하기를 한다.
	
	<사용할 텍스트>
	1. 시간의 흐름에 따라 요약하기
	  1) 사회: 조선의 건국 과정
	  2) 과학: 구름, 비, 눈이 만들어지는 과정
	2. 나열해서 요약하기
	  1) 사회: 조선 시대에 나타난 서민 문화
	  2) 과학: 생태계의 구성 요소
	
	요약하는 활동을 반복한 뒤 최종 평가 과제를 실시한다.

문해력 수업 비법, 차근차근 알려 드려요

— 박명선(『초등 어휘력이 공부력이다』 저자)

글을 읽고 이해하는 '문해력' 부족에 관한 이야기가 끊임없이 제기되고 있습니다. 글을 바르게 읽고 자신의 뜻을 정확하게 표현하는 능력은 여러 사람과 협력하고 의사소통을 하기 위해서는 반드시 필요한 능력이기 때문입니다. 그러나 영상에 익숙한 아이들에게 움직이지 않는 '글'을 정확하게 읽는다는 것은 어렵고 하기 싫은 일이 되었습니다. 학급에서 제 학년의 교과서를 읽지 못하고 내 생각을 표현하지 못하는 아이들은 성적에서도 친구와의 관계에서도 어려움을 겪습니다. 그렇기에 학생들의 문해력을 향상시키기 위한 고민과 노력은 모든 선생님께서 공통적으로 가지고 있는 고민일 것입니다.

하니쌤의 책 『야무지게 읽고 쓰는 문해력 수업』은 글을 효과적으로 읽는 방법과 글쓰기를 싫어하는 아이들에게 차근차근 기반을 닦는 방법을 알려줍니다. 문해력 수업을 어떻게 설계하고 평가하며 무엇을 가르쳐야 하는지를 짚어주고 있으며 교사가 문해력 수업을 하며 겪게 되는 어려움과 궁금증에 대한 답을 제시하고 있습니다. 문해력에 대해 궁금한 부분을 선생님께서 아이들을 지도하며 연구한 내용으로 꼼꼼하게 작성한 책이 저에게 닿게 되어 다행입니다. 저와 같은 고민을 하고 계시는 많은 선생님께도 이 책이 닿아 도움이 되셨으면 좋겠습니다.

문해력 수업, 지금부터 실천해요

— 배혜림(『진짜 초등 국어 공부법』 저자)

학생들의 문해력이 많이 떨어졌다는 이야기가 나온 것이 어제오늘 이야 기가 아닙니다. 문해력을 기르기 위해 학교 현장에서 많은 노력을 기울이 고 있습니다. 그래도 학생들의 문해력을 기르기 쉽지 않은 것 같습니다.

초등 문해력 수업은 학습자가 읽기 목적에 달성할 수 있도록 수업 방향 을 설정해야 합니다. 즉, 글을 제대로 읽고 쓰는 경험이 필요합니다. 박현 수 선생님은 이 점을 정확히 짚고, 발생할 수 있는 문제점까지 예측하여 해결 방안을 마련하고 있습니다.

문해력 수업을 위한 효과적인 읽기 방법, 아이들의 글쓰기에 대한 부정적 정서와 부담 낮추기 등의 방법과 문해력 수업을 설계하는 방법들이 구체 적으로 제시되어 있어 훌륭한 문해력 수업을 할 수 있게 도와줍니다.

문해력은 학교에서만 기르는 능력이 아닙니다. 문해력을 효과적으로 기 르기 위해서는 가정과 학교가 연계되어야 합니다. 어떻게 문해력 수업을 가정과 연계할지도 알 수 있을 것입니다. 『야무지게 읽고 쓰는 문해력 수 업』을 시작으로 많은 문해력 수업과 관련한 책이 나오기를 기원해봅니다. 습관을 잡기 위해서 최소 3개월의 시간이 소요된다고 합니다.

책에 제시된 문해력을 키우기 위한 방법을 지금부터 실천한다면 3개월 뒤 학생의 문해력은 눈에 띄게 향상될 것이라 믿습니다.

우리 아이 문해력 수호천사 하니쌤을 응원합니다

— 윤지선(『초등교사 영업기밀』 저자)

요즘 교육계의 화두는 단연코 '문해력'일 것입니다. 지식을 글보다 영상 매체로 접하는 세대의 어린이들에도 문자 해독력은 미래의 경쟁력이고 성공의 열쇠가 될 것입니다. 문해력이 얼마나 중요한지 세계 각국은 앞다투어 핵심 미래 역량으로 문해력을 주목하고 있으며 많은 예산을 문해력 역량 강화에 투입하고 있습니다. 아이들을 가르치다 보면 국어뿐 아니라 수학, 사회, 과학 등 모든 과목에서 어휘를 이해 못해 어려움을 느끼는 아이들을 만납니다. 모르는 어휘가 나오더라도 미루어 짐작할 수 있는 힘이 있어야 하는데 어휘에서 막히니 문맥의 의미 파악을 하지 못해 진도를 나가지 못할 때가 많습니다. 연산은 잘해도 사고력 수학 문제를 풀지 못하는 경우가 이해 해당됩니다. 문해력이 뒷받침되어야 교과서 속의 '학습 도구어(academic vocabulary)'의 의미를 이해할 수 있기 때문에 공부의 기초는 '문해력'이 되어야 합니다.

박현수 선생님이 쓰신 『야무지게 읽고 쓰는 문해력 수업』은 공부의 기초 체력인 문해력을 길러주는 방법을 맛깔스럽게 제시해주고 있습니다. 또, 오랜 기간 연구한 문해력 수업 노하우를 집약하여 쉽고 재미있게 풀어내었습니다. 우리 아이들 문해력 학습에 청신호를 밝혀줄 수호천사 박현수 하니쌤의 신간 출간을 격하게 응원합니다.

문해력, 공부하는 근육을 키워요

— 임성열(광주광역시교육청 장학사)

'아이들은 왜 읽고 쓰는 것을 어려워할까요?' 공부하는 근육을 키워주는 문해력에 답이 있습니다. 『야무지게 읽고 쓰는 문해력 수업』은 이러한 질문에 응답하며 방향을 제시하는 길잡이 도서입니다. 우리 아이들이 글을 제대로 읽고 쓸 수 있도록 돕는 자료인 셈입니다. 문해력 수업에서 무엇을 어떻게 가르치고 평가해야 할지 막막한 교사, 수업 과정에서 만날 수 있는 문제점과 해결 방법을 알고 싶은 이들 모두에게 본 도서를 추천합니다.

필자는 문해력에 대한 정확한 진단과 함께 최적의 교육 방법을 찾아 나섭니다. 읽고 쓰는 방법을 알려주는 문해력 수업의 기초부터 학급 운영과 접목한 문해력 교실 만들기, 다양한 장르의 텍스트로 문해력 수업하기, 미래 교육을 준비하는 미디어 문해력 수업까지 거침없이 자신만의 교육 사례와 노하우를 공유합니다.

『야무지게 읽고 쓰는 문해력 수업』을 통해 무엇보다 소중한 우리 아이들이 스스로 배우며 성장하는 사람으로 자라나길 꿈꾸며 응원해봅니다.